Angelina Schulze

Fantasiereisen zu den Motiven der Tarotkarten 1

Entspanne, genieße und lerne
in magischen Reisen die Deutung
der großen Arkana im Tarot

D1719694

Bibliografische Information der Deutschen Nationalbibliothek

Die Deutsche Nationalbibliothek verzeichnet diese Publikation in der Deutschen Nationalbibliografie; detaillierte bibliografische Daten sind im Internet über http://dnb.d-nb.de abrufbar.

Autorin des Buches: © Angelina Schulze (Angelina.Schulze@gmx.de)

Layout und Satz des Buches: Angelina Schulze

Umschlaggestaltung: Angelina Schulze

Bilder:
© Kartendeck auf dem Cover = Tarotkarten Artdesign Osorio
© Roman – Adobe Stock (Schnörkelrahmen)
© Viks_jin – Adobe Stock (Coverbild)

Verlag: Angelina Schulze Verlag
          Am Mühlenkamp 15
          38268 Lengede

          verlag@angelina-schulze.com
          https://angelina-schulze.com
          https://angelina-schulze-verlag.de

1. Auflage Juli 2023

ISBN: 978-3-96738-259-4

Inhaltsverzeichnis

Hinweise zum Aufbau des Buches
und der 24 Fantasiereisen

Ich möchte dir mit diesem Buch und meinen Fantasiereisen die Deutungen der 22 Tarotkarten der großen Arkana auf eine kreative Art näherbringen. Denn wir merken uns neues Wissen oft besser, wenn es in eine Geschichte oder Erzählung eingebettet ist. 2 weitere Fantasiereisen findest du im Bonusteil.

Außerdem gibt es einen weiteren Vorteil, den eine Fantasiereise dir bieten kann.

Du bekommst eine kleine entspannende Auszeit vom Alltag. Durch die Imagination und das Eintauchen in eine andere Welt kannst du dich von den täglichen Belastungen lösen. Es beruhigt deinen Geist, entspannt deinen Körper und füllt dich mit neuer Energie auf, sodass du gestärkt in den Alltag zurückkehrst.

Du erhältst mit meinen Geschichten also gleich zwei Vorteile.

Einerseits bieten sie eine entspannende Wirkung und andererseits ermöglichen sie das Erlernen der Tarotkarten.

Solltest du einmal nur eine Entspannung benötigen und die Deutung der Karte nicht wiederholen wollen, sind die Geschichten so vorbereitet, dass du sie auch einzeln als Entspannungsgeschichte nutzen kannst.

Jede Geschichte ist eine positive Fantasiereise, die zwar auf die jeweilige Tarotkarte Bezug nimmt, aber dennoch eigenständig als Gedankenreise zur Entspannung genutzt werden kann.

Du kannst bis zur Passage mit den ****** lesen und dann direkt zur nächsten Stelle mit den ****** springen, um mit den letzten Sätzen als Abschluss der Fantasiereise fortzufahren.

Falls du jedoch die Tarotkarten lernen und ihre Deutungen kennenlernen möchtest, empfehle ich dir, den vollständigen Text zu lesen und nichts auszulassen.

Übrigens wurden bei jeder Tarotkarte die gleichen Einleitungs- und Ausklangsätze verwendet, um den Einstieg in die Tarot Welt allmählich zu erleichtern.

Obwohl ich darüber nachgedacht habe, die Einleitung nur einmal am Anfang des Buches zu drucken und jede Fantasiereise mit dem Tor in die Tarot Welt beginnen zu lassen, habe ich mich dagegen entschieden und schreibe die Einleitung bei jeder Tarotkarte.

Ich wollte sicherstellen, dass der Lesefluss angenehm bleibt und man eine Geschichte ohne Unterbrechungen lesen kann.

Wenn die Einleitung nur am Anfang des Buches zu finden wäre, müsstest du jedes Mal zur Seite mit der Fortsetzung der Geschichte wechseln.

Daher habe ich mich für die Wiederholung der Einleitung und des Ausklangs entschieden, um das Lesevergnügen zu maximieren.

Ich hoffe, du kannst mir die paar zusätzlichen Seiten im Buch verzeihen.

Jetzt wünsche ich dir viel Freude beim Eintauchen in die zauberhafte Tarot Welt und beim kreativen Lernen der Tarotkarten Deutungen.

Weiterhin hoffe ich, dass du Entspannung findest und neue Kraft schöpfen kannst. Vielleicht kannst du sogar einige positive Veränderungen in deinem Leben bemerken. Ich wünsche dir eine wundervolle Zeit dabei.

Angelina Schulze

PS: Noch ein Hinweis zum Schreibstil:

Meine Kundschaft ist überwiegend weiblich. Deshalb möchte ich mich in der weiblichen Form ausdrücken. Ab und zu rutscht mir auch mal die männliche Form raus. Meistens ist es aber ein neutrales, freundliches „du" oder ich schreibe in der „man kann..." Weise.

Im Grunde ist meine Schreibweise oft wie im Gespräch mit Freunden, wo ich mich auch duze und mal sie, mal ihn anspreche, aber meistens mehr mit Frauen spreche. So hoffe ich, dass du dich mit meinen Worten, Sätzen und auch der gewählten Ansprache wohl fühlst.

Noch ein paar Möglichkeiten zur Verwendung der Fantasiereisen Texte:

- Du kannst die Texte lesen und dabei immer wieder kleine Pausen machen, um dir das soeben Gelesene auch vorzustellen und intensiv in die Fantasiereise einzutauchen.

- Du könntest auch jemanden bitten, dir die Fantasiereise vorzulesen, während du mit geschlossenen Augen in Ruhe alles erleben kannst.

- Du könntest dir die Texte auch selbst einsprechen und dich dann von deiner eigenen Stimme in deinem bevorzugten Tempo begleiten lassen.

Als Bonus möchte ich dir noch eine Fantasiereise zum Nachdenken über eine Legung mit den Tarotkarten mitgeben.

Und eine Fantasiereise als Auszug aus meinem Buch Lenormandkarten Fantasiereisen. Ich habe die Karte 7, die Schlange, gewählt, weil sie eine schöne Heilungsgeschichte ist und man auch über Umwege und Schlenker zum Ziel kommen kann.

22 Fantasiereisen
zur großen Arkana

Fantasiereise zur Tarotkarte „Der Narr"

Um deine Fantasiereise zu beginnen, siehst du dich vor einer majestätischen Steintreppe stehen. Sie führt zu einem imposanten Steintor mit zwei mystischen Steinsäulen an den Seiten, die dir aus verschiedenen Tarotkarten bekannt sind. Dieses Tor stellt den Eingang zu einer magischen und geheimnisvollen Tarot Welt dar, die es zu erforschen gilt.

Mit jedem Schritt auf der Steintreppe lässt du die gewöhnliche Welt hinter dir. Du durchschreitest das Steintor und ein magischer Wald öffnet sich vor dir.

Du wanderst durch diesen magischen Wald und stehst auf einmal an einer Weggabelung. Ein uraltes Holzschild weist den Weg: In die eine Richtung geht es in die große Arkana, in die andere in die kleine Arkana des Tarot.

Die geheimnisvolle Aura der großen Arkana fasziniert dich und du beschließt, diesem Weg zu folgen.

Unterwegs entdeckst du seltsame Pilze, leuchtende, mystische Blumen und schließlich ein magisches Tor, das fest verschlossen ist. Es ist kunstvoll verziert und ein Griff lädt dich ein, es zu öffnen.

An der Seite des Tores findest du ein kleines Feld, in das du eine Zahl eintragen kannst. Du gibst die Zahl 0 ein, die für die Tarotkarte "Der Narr" steht, und wie von Zauberhand erscheint das Bildmotiv dieser Karte auf dem Tor.

Sobald du durch das Tor trittst, überkommt dich ein unbeschreibliches Gefühl von Freiheit und Leichtigkeit. In der Luft liegt ein frischer Duft, der die Sinnlichkeit des Frühlings und die Abenteuerlust des Sommers in sich trägt. Das Licht strahlt heller, die Farben leuchten intensiver und die Welt vor dir erscheint unentdeckt und aufregend. Du bist jetzt in der Welt des Narren.

Die Landschaft vor dir ist wild und unberührt. Hohe Wiesen wechseln sich mit tiefen Wäldern und glitzernden Bächen ab. Die Narrenwelt ist eine Welt voller Abenteuer und Möglichkeiten, eine Welt, die entdeckt werden will.

In der Ferne erblickt man eine fröhliche Gestalt, die beschwingt über einen der Pfade hüpft - der Narr. Er trägt ein buntes Gewand, in der einen Hand hält er einen Wanderstab, an dem ein kleines Bündel befestigt ist, die andere Hand wirft einen bunten Ball in die Luft. Er bewegt sich mit einer Leichtigkeit und Freude, die ansteckend ist.

Der Narr begrüßt dich mit einem Lachen und einer herzlichen Umarmung. "Willkommen", sagt er, "in meiner Welt gibt es keine Grenzen. Hier kannst du frei sein, neue Wege gehen und deine eigenen Abenteuer erleben. Folge deinem Herzen, sei spontan und offen für alles, was kommt."

"Bist du bereit für ein Abenteuer?" Ohne auf deine Antwort zu warten, nimmt er dich bei der Hand und führt dich auf den Weg. Dein Abenteuer in der Welt des Narren beginnt.

Am ersten Tag lehrt dich der Narr die Kunst der Spontaneität. "Das Leben ist ein Spiel", erklärt er dir, "und die Regeln sind einfach: Sei offen, sei neugierig und erwarte das Unerwartete!"

Zur Veranschaulichung führt er dich an einen kleinen Bach. Der Narr fordert dich auf, einen Stein zu nehmen und ihn ins Wasser zu werfen, ohne vorher zu überlegen, wohin und wie weit. Du folgst seiner Anweisung und beobachtest, wie der Stein Kreise ins Wasser zeichnet. "Siehst du", lacht der Narr, "manchmal ist es das Unerwartete, das die schönsten Muster erzeugt!

Die nächsten Tage sind voll von ähnlichen Abenteuern und Lektionen.

Während du diese leuchtende Welt weiter erkundest, spürst du eine leise Erinnerung in deinem Herzen. Ein süßes Lied der Vorsicht, das dir zuflüstert, nicht zu naiv oder unvorsichtig zu sein. Auch der Narr warnt dich davor, zu impulsiv oder unüberlegt zu handeln.

Er fordert dich auf, deine Handlungen zu überdenken und deine Entscheidungen sorgfältig abzuwägen. Jeder Stein auf dem Weg, jeder Vogel in den Bäumen ist eine Erinnerung daran, dass jede Entscheidung Konsequenzen hat und dass echtes Abenteuer auch bedeutet, Verantwortung für das eigene Handeln zu übernehmen.

Denn die Welt des Narren ist zwar eine Welt der Freiheit und des Abenteuers, aber auch eine Welt der Lektionen und Herausforderungen. Jedes Abenteuer birgt seine eigenen Gefahren und jeder Weg seine eigenen Hindernisse. Der Narr lehrt dich, dass es genauso wichtig ist, vorsichtig und besonnen zu sein, wie mutig und frei.

Du lernst, die Balance zu finden zwischen Spontaneität und Vernunft, zwischen Abenteuerlust und der Weisheit, die aus Erfahrung und Reflexion erwächst.

Eines Tages hält der Narr einen leeren Becher in seinen Händen und fragt dich: "Was siehst du?" Du schaust auf den Becher und antwortest: "Ich sehe einen leeren Becher."

Der Narr lacht und sagt: "Siehst du nur einen leeren Becher? Oder siehst du auch die Möglichkeiten, die in ihm stecken?" Dann beginnt er, den Becher mit verschiedenen Dingen zu füllen: mit Blumen, mit Wasser, mit Steinen. "Siehst du", sagt er, "ein leerer Becher ist wie ein offener Geist. Er ist bereit, alles in sich aufzunehmen und zu tragen."

Diese Lektion klingt tief in dir nach. Du beginnst, die Welt um dich herum mit neuen Augen zu sehen, als einen Ort voller Möglichkeiten und Wunder. Du lernst, dass das Leben nicht etwas ist, das passiert, sondern etwas, das du aktiv gestaltest.

Die Tage vergehen und du merkst, dass du dich verändert hast. Du bist offener, mutiger geworden. Du hast gelernt, das Leben als Abenteuer zu betrachten, in dem es darum geht, jeden Augenblick zu genießen und das Unerwartete willkommen zu heißen.

Endlich ist es an der Zeit, sich von der Welt des Narren zu verabschieden. Du fühlst dich erfüllt und bereichert durch all die Erfahrungen, die du auf deiner Reise gemacht hast.

Du weißt jetzt, dass du jeder neuen Herausforderung mit Mut und Neugier begegnen kannst, dass du bereit bist, deine Komfortzone zu verlassen und neue Wege zu gehen. Du bist bereit, deine Freiheit und Spontaneität zu leben, aber auch verantwortungsvoll und überlegt zu handeln.

Während du durch das Tor gehst, spürst du, wie die Erfahrungen und Lektionen deiner Reise mit dem Narren in dir nachklingen. Du fühlst dich gestärkt, inspiriert und bereit, die nächste Phase deines Lebens mit Offenheit und Begeisterung zu begrüßen.

Die Welt des Narren hat dir gezeigt, dass das Leben ein Spiel ist. Du bist bereit, dein eigenes Abenteuer zu beginnen, bereit, die Wunder und Möglichkeiten des Lebens zu entdecken und zu erforschen. Du bist bereit, den Verrückten in dir zu ehren und deinen eigenen, einzigartigen Weg zu gehen.

Du lächelst, weil du weißt, dass das Abenteuer des Lebens gerade erst begonnen hat und dass du immer die Wahl hast, wie du deine Reise gestalten möchtest.

******

Du schlenderst noch ein wenig durch den Wald und genießt die friedliche Atmosphäre, als du auf einmal eine Kartenlegerin am Wegesrand entdeckst.

Sie sitzt an einem kleinen Tisch, auf dem ein Deck Tarotkarten ausgebreitet ist. Dir fällt auf, dass die Tarotkarte "Der Narr" direkt vor ihr liegt.

Die Kartenlegerin schaut auf und bemerkt dein Interesse. Sie gibt dir ein Zeichen und lächelt dich freundlich an.

Du gehst auf sie zu und sie beginnt, dir die Deutung der Karte "Der Narr" noch einmal zu erklären, damit du sie dir besser einprägen und bei zukünftigen Legungen wieder abrufen kannst.

Die Kartenlegerin geht auf die verschiedenen Deutungen der Karte ein:

- **Beginn einer Reise oder eines neuen Projekts:** Der Narr zeigt, dass du dich auf eine neue Reise oder ein neues Projekt begibst, offen für neue Erfahrungen und Möglichkeiten.

- **Abenteuerlust:** Die Karte symbolisiert deine Abenteuerlust und deine Bereitschaft, unbekannte Wege zu gehen.

- **Freiheit und Spontaneität:** Der Narr steht für deine Fähigkeit, spontan und flexibel auf Situationen zu reagieren und das Leben in vollen Zügen zu genießen.

- **Naivität und Unberechenbarkeit:** Die Karte warnt dich davor, zu naiv oder unvorsichtig zu sein und fordert dich auf, deine Handlungen zu überdenken und deine Entscheidungen sorgfältig abzuwägen.

Nachdem dir die Kartenlegerin diese Deutungen erklärt hat, bedankst du dich bei ihr und gehst weiter durch den Wald.

Du spürst die kraftvollen Energien, die du in der Fantasiereise und im Gespräch mit der Kartenlegerin erfahren hast. Du weißt nun, wie du die Deutungen der Karte nutzen kannst, um dein Leben in eine positive Richtung zu lenken.

******

Und so wird es langsam Zeit, die Reise für heute zu beenden. Da taucht auch schon wieder der Eingang mit den 2 mystischen Steinsäulen und der Treppe auf.

Du gehst durch das Steintor und die Treppe wieder hinunter. Mit jeder Treppenstufe kommst du mehr und mehr im Hier und Jetzt an und bist dir bewusst, dass du die gelernten Deutungen der Karte bei dir trägst, um sie jederzeit abrufen zu können.

Fantasiereise zur Tarotkarte „Der Magier"

Um deine Fantasiereise zu beginnen, siehst du dich vor einer majestätischen Steintreppe stehen. Sie führt zu einem imposanten Steintor mit zwei mystischen Steinsäulen an den Seiten, die dir aus verschiedenen Tarotkarten bekannt sind. Dieses Tor stellt den Eingang zu einer magischen und geheimnisvollen Tarot Welt dar, die es zu erforschen gilt.

Mit jedem Schritt auf der Steintreppe lässt du die gewöhnliche Welt hinter dir. Du durchschreitest das Steintor und ein magischer Wald öffnet sich vor dir.

Du wanderst durch diesen magischen Wald und stehst auf einmal an einer Weggabelung. Ein uraltes Holzschild weist den Weg: In die eine Richtung geht es in die große Arkana, in die andere in die kleine Arkana des Tarot.

Die geheimnisvolle Aura der großen Arkana fasziniert dich und du beschließt, diesem Weg zu folgen.

Unterwegs entdeckst du seltsame Pilze, leuchtende, mystische Blumen und schließlich ein magisches Tor, das fest verschlossen ist. Es ist kunstvoll verziert und ein Griff lädt dich ein, es zu öffnen.

An der Seite des Tores findest du ein kleines Feld, in das du eine Zahl eintragen kannst. Du gibst die Zahl 1 ein, die für die Tarotkarte "Der Magier" steht, und wie von Zauberhand erscheint das Bildmotiv dieser Karte auf dem Tor.

Als du durch das Tor trittst, fühlst du sofort eine Welle von Energie und Vitalität durch deine Adern fließen. Du betrittst eine magische Welt, erleuchtet von funkelnden Sternen und erfüllt von zauberhaften Klängen. Du befindest dich in der Welt des Magiers, einem Ort der Kreativität, des Willens und der Durchsetzungskraft.

Im Zentrum dieser Welt steht ein prächtiger Tisch, auf dem vier Gegenstände liegen: ein Stab, ein Kelch, ein Schwert und eine Münze. Sie stehen für die vier Elemente Feuer, Wasser, Luft und Erde und symbolisieren die Ressourcen, die dir zur Verfügung stehen, um deine Ziele zu erreichen.

Der Magier selbst ist eine beeindruckende Erscheinung, gekleidet in leuchtendes Purpur und Gold, eine Hand zum Himmel gestreckt, die andere zeigt nach unten. Mit einem warmen Lächeln begrüßt er dich. "Willkommen", sagt er, "bist du bereit, deine Macht zu entdecken?"

Die nächsten Tage sind ein Wirbelwind des Lernens und Entdeckens. Der Magier lehrt dich, deine Energie zu kanalisieren und deine Kreativität zu entfalten. Du lernst, dass es nicht nur darauf ankommt, was du tust, sondern wie du es tust. Jede Handlung, jeder Gedanke, jedes Wort hat eine Wirkung. Und du, und nur du, hast die Kontrolle darüber.

Er zeigt dir, wie du mit dem Stab deine Willenskraft stärkst, wie du mit dem Kelch deine Gefühle und deine Intuition nährst, wie du mit dem Schwert klare Entscheidungen triffst und wie du mit der Münze deine körperlichen Ressourcen effektiv einsetzt.

Du schaust dem Magier dabei zu, wie er Projekte startet, seine Fähigkeiten und Ressourcen einsetzt und seine kreativen Ideen in konkrete Handlungen umsetzt.

Er zeigt dir, wie du deine Kreativität und deine Ideen in die Tat umsetzen kannst. Er lehrt dich, wie du diese Elemente in Einklang bringst, um deine Ziele zu erreichen. Du lernst, dass du nicht nur eine passive Beobachterin, sondern eine aktive Gestalterin deines eigenen Schicksals bist.

Eines Tages stellt der Magier eine große, leere Leinwand vor dich hin und fragt dich: "Was siehst du?

Du schaust auf die leere Leinwand und antwortest: "Ich sehe eine leere Leinwand". Der Magier lächelt und sagt: "Aber was könntest du sehen? Was könntest du erschaffen?"

In diesem Moment verstehst du die wahre Lektion des Magiers. Es geht nicht nur darum, deine Ziele zu erreichen, sondern die Welt mit deinen Ideen und Visionen zu bereichern.

Schließlich legt der Magier seine Hand auf dein Herz. Du spürst eine Welle der Energie, der Inspiration. Du spürst, wie deine inneren Ressourcen aktiviert werden, wie die Samen deiner Ideen zu keimen beginnen und deine Willenskraft gestärkt wird. Eine Energie durchströmt dich, die den Himmel mit der Erde verbindet und dich gleichzeitig tief in deinem Inneren verankert.

Dann ist es an der Zeit, die Welt des Magiers zu verlassen und du siehst das Tor, gehst hin und schließlich hindurch und bist wieder im magischen Wald.

******

Du schlenderst noch ein wenig durch den Wald und genießt die friedliche Atmosphäre, als du auf einmal eine Kartenlegerin am Wegesrand entdeckst.

Sie sitzt an einem kleinen Tisch, auf dem ein Deck Tarotkarten ausgebreitet ist. Dir fällt auf, dass die Tarotkarte "Der Magier" direkt vor ihr liegt.

Die Kartenlegerin schaut auf und bemerkt dein Interesse. Sie gibt dir ein Zeichen und lächelt dich freundlich an. Du gehst auf sie zu und sie beginnt, dir die Deutung der Karte "Der Magier" noch einmal zu erklären, damit du sie dir besser einprägen und bei zukünftigen Legungen wieder abrufen kannst.

Die Kartenlegerin geht auf die verschiedenen Deutungen der Karte ein:

- **Geschicklichkeit, Willenskraft und Durchsetzungsvermögen:** Der Magier steht für deine Fähigkeit, Herausforderungen mit Geschick und Entschlossenheit zu meistern und deine Ziele zu erreichen.

- **Initiator neuer Projekte:** Die Karte zeigt, dass du dazu neigst, Projekte zu starten und deine Fähigkeiten und Ressourcen zu nutzen, um sie erfolgreich abzuschließen.

- **Kreativität und Ideen in die Tat umsetzen:** Der Magier symbolisiert das Potenzial, deine kreativen Gedanken und Ideen in konkrete Handlungen umzusetzen und erfolgreich zu realisieren.

- **Verbindung zwischen Himmel und Erde:** Die Karte zeigt, dass du in der Lage bist, eine Brücke zwischen dem Geistigen und dem Körperlichen zu schlagen und diese Verbindung in deinem Leben zu nutzen.

Nachdem dir die Kartenlegerin diese Deutungen erklärt hat, bedankst du dich bei ihr und gehst weiter durch den Wald.

Du spürst die kraftvollen Energien, die du in der Fantasiereise und im Gespräch mit der Kartenlegerin erfahren hast. Du weißt nun, wie du die Deutungen der Karte nutzen kannst, um dein Leben in eine positive Richtung zu lenken.

******

Und so wird es langsam Zeit, die Reise für heute zu beenden. Da taucht auch schon wieder der Eingang mit den 2 mystischen Steinsäulen und der Treppe auf.

Du gehst durch das Steintor und die Treppe wieder hinunter. Mit jeder Treppenstufe kommst du mehr und mehr im Hier und Jetzt an und bist dir bewusst, dass du die gelernten Deutungen der Karte bei dir trägst, um sie jederzeit abrufen zu können.

Fantasiereise zur Tarotkarte „Die Hohepriesterin"

Um deine Fantasiereise zu beginnen, siehst du dich vor einer majestätischen Steintreppe stehen. Sie führt zu einem imposanten Steintor mit zwei mystischen Steinsäulen an den Seiten, die dir aus verschiedenen Tarotkarten bekannt sind. Dieses Tor stellt den Eingang zu einer magischen und geheimnisvollen Tarot Welt dar, die es zu erforschen gilt.

Mit jedem Schritt auf der Steintreppe lässt du die gewöhnliche Welt hinter dir. Du durchschreitest das Steintor und ein magischer Wald öffnet sich vor dir.

Du wanderst durch diesen magischen Wald und stehst auf einmal an einer Weggabelung. Ein uraltes Holzschild weist den Weg: In die eine Richtung geht es in die große Arkana, in die andere in die kleine Arkana des Tarot.

Die geheimnisvolle Aura der großen Arkana fasziniert dich und du beschließt, diesem Weg zu folgen.

Unterwegs entdeckst du seltsame Pilze, leuchtende, mystische Blumen und schließlich ein magisches Tor, das fest verschlossen ist. Es ist kunstvoll verziert und ein Griff lädt dich ein, es zu öffnen.

An der Seite des Tores findest du ein kleines Feld, in das du eine Zahl eintragen kannst. Du gibst die Zahl 2 ein, die für die Tarotkarte "Die Hohepriesterin" steht, und wie von Zauberhand erscheint das Bildmotiv dieser Karte auf dem Tor.

Durch das Tor betrittst du eine neue Welt, die sanft vom schimmernden Mondlicht erhellt wird. Eine tiefe, beruhigende Ruhe liegt in der Luft, während der Duft alter Schriften und mystischer Kräuter deine Sinne betört.

Du befindest dich in der Welt der Hohenpriesterin, einer Welt der Intuition und Weisheit, der Sensibilität und der spirituellen Erkenntnis.

Direkt vor dir, auf einem Sockel aus schimmerndem Marmor, sitzt die Hohepriesterin. Sie strahlt eine ruhige und kraftvolle Präsenz aus, in ihren Augen spiegelt sich eine Tiefe, die die Grenzen der Zeit übersteigt. Sie ist die Verkörperung des verborgenen Wissens und der intuitiven Erkenntnis, ein Leuchtfeuer in der Dunkelheit der Unwissenheit.

Die Hohepriesterin lädt dich ein, an ihrer Seite zu sitzen. Sie zeigt dir einen stillen Teich, auf dessen Oberfläche sich das Mondlicht spiegelt. "Schau in das Wasser", sagt sie leise. "Es ist der Spiegel deiner Seele, der Träger deiner inneren Weisheit. Was siehst du?"

Du schaust in den Teich, und zunächst siehst du nur dein eigenes Spiegelbild. Doch je länger du hinschaust, desto mehr fängst du an, tiefere Bilder zu erkennen. Bilder von alten Erinnerungen, verborgenen Ängsten und vergrabenen Träumen. Zuerst fühlst du dich von den Tiefen deiner eigenen Seele überwältigt, doch die Hohepriesterin beruhigt dich.

"Nimm dir Zeit. Lerne, deiner Intuition zu vertrauen. Sie wird dir den Weg durch die Dunkelheit weisen.

In den folgenden Tagen und Nächten lehrt dich die Hohepriesterin, deine intuitive Weisheit zu nutzen. Du lernst, auf das leise Flüstern deiner Seele zu hören und ihre Botschaften zu entschlüsseln. Du lernst, dich in die Gefühle und Gedanken anderer Menschen hineinzuversetzen und so ein tieferes Verständnis für sie und dich selbst zu entwickeln.

Eine der Übungen, die dir besonders in Erinnerung geblieben ist, ist die Arbeit mit einem alten, leeren Buch. Die Hohepriesterin bittet dich, das Buch auf einer zufälligen Seite aufzuschlagen und einfach aufzuschreiben, was dir in den Sinn kommt.

Zuerst sind es nur wirre Gedanken und Sätze, aber mit der Zeit beginnst du, tiefere Botschaften zu erkennen. Deine Worte fließen wie von selbst aufs Papier, als würde eine innere Stimme durch dich sprechen. Durch diese Übung lernst du, deiner Intuition zu vertrauen und auf deine innere Stimme zu hören.

Mit der Zeit wirst du merken, wie sich deine Wahrnehmung verändert. Du fängst an, die Welt um dich herum mit anderen Augen zu sehen. Du nimmst kleine Details wahr, die dir vorher entgangen sind, und erkennst Zusammenhänge, die dir vorher verborgen waren.

Du lernst, die subtilen Zeichen und Symbole zu verstehen, die dir das Universum bietet. Die Welt um dich herum scheint plötzlich voller magischer Momente und verborgener Geheimnisse zu sein. Die Hohepriesterin lehrt dich, dass nichts ohne Bedeutung ist, dass alles, was du erlebst und wahrnimmst, ein Spiegel deines Inneren ist und dir hilft, tiefer in dein eigenes Wesen einzutauchen.

Eine weitere Lektion, die dich tief berührt, ist das bewusste Fühlen. Die Hohepriesterin gibt dir ein Stück Samt in die Hand und bittet dich, es zu fühlen, es wirklich zu fühlen. Du lässt dir Zeit und nimmst die samtige Weichheit, das angenehme Gewicht und die feinen Details wahr.

Dann bittet dich die Hohepriesterin, dasselbe mit deinen Gefühlen zu tun. Sie lehrt dich, deine Gefühle zu spüren und anzunehmen, ohne sie zu bewerten oder zu unterdrücken. Dieses tiefe Fühlen und Annehmen deiner Gefühle schenkt dir eine neue Ebene der Empathie und Sensibilität.

Deine Tage und Nächte in der Welt der Hohepriesterin sind gefüllt mit Meditation, Reflexion und kreativem Schaffen. Du lernst, tiefer in dich selbst einzutauchen und deine innere Weisheit zu erkennen. Du entdeckst verborgene Seiten deiner Persönlichkeit und erhältst tiefe spirituelle Einsichten. Und du lernst, deine Kreativität und Inspiration zu nutzen, um deine inneren Welten auszudrücken.

Mit jedem Tag, den du in der Welt der Hohenpriesterin verbringst, fühlst du dich mehr mit deinem wahren Selbst und deinem inneren Wissen verbunden. Du lernst, deiner Intuition zu vertrauen und deine schöpferischen Energien zu nutzen. Und du lernst, dich selbst und andere mit Mitgefühl und Verständnis zu betrachten.

Schließlich ist es Zeit, durch das Tor zu gehen und die Welt der Hohenpriesterin zu verlassen. Aber die Lektionen, die du gelernt hast, und die Erfahrungen, die du gemacht hast, begleiten dich.

Du trägst die Weisheit und Intuition, die Sensibilität und das spirituelle Wissen der Hohenpriesterin in dir. Und du weißt jetzt, wie du diese Gaben einsetzen kannst, um dein Leben und das Leben der Menschen um dich herum zu bereichern.

******

Du schlenderst noch ein wenig durch den Wald und genießt die friedliche Atmosphäre, als du auf einmal eine Kartenlegerin am Wegesrand entdeckst.

Sie sitzt an einem kleinen Tisch, auf dem ein Deck Tarotkarten ausgebreitet ist. Dir fällt auf, dass die Tarotkarte "Die Hohepriesterin" direkt vor ihr liegt.

Die Kartenlegerin schaut auf und bemerkt dein Interesse. Sie gibt dir ein Zeichen und lächelt dich freundlich an. Du gehst auf sie zu und sie beginnt, dir die Deutung der Karte "Die Hohepriesterin" noch einmal zu erklären, damit du sie dir besser einprägen und bei zukünftigen Legungen wieder abrufen kannst.

Die Kartenlegerin geht auf die verschiedenen Deutungen der Karte ein:

- **Innere Weisheit und Intuition:** Die Hohepriesterin steht für dein Potenzial, tief in dich hineinzuschauen und deine innere Weisheit und Intuition zu nutzen, um Antworten auf deine Fragen zu finden.

- **Verborgene Aspekte aufdecken:** Die Karte symbolisiert deine Fähigkeit, verborgene Aspekte aufzudecken und tiefe Einsichten zu gewinnen.

- **Spirituelles Wissen:** Die Hohepriesterin steht auch dafür, spirituelles Wissen zu erlangen und die Geheimnisse des Lebens zu verstehen.

- Verbindung zum inneren Selbst: Die Karte erinnert daran, dass man sich mit seinem inneren Selbst verbinden und seiner Intuition vertrauen sollte.

Nachdem dir die Kartenlegerin diese Deutungen erklärt hat, bedankst du dich bei ihr und gehst weiter durch den Wald.

Du spürst die kraftvollen Energien, die du in der Fantasiereise und im Gespräch mit der Kartenlegerin erfahren hast. Du weißt nun, wie du die Deutungen der Karte nutzen kannst, um dein Leben in eine positive Richtung zu lenken.

******

Und so wird es langsam Zeit, die Reise für heute zu beenden. Da taucht auch schon wieder der Eingang mit den 2 mystischen Steinsäulen und der Treppe auf.

Du gehst durch das Steintor und die Treppe wieder hinunter. Mit jeder Treppenstufe kommst du mehr und mehr im Hier und Jetzt an und bist dir bewusst, dass du die gelernten Deutungen der Karte bei dir trägst, um sie jederzeit abrufen zu können.

Fantasiereise zur Tarotkarte „Die Herrscherin"

Um deine Fantasiereise zu beginnen, siehst du dich vor einer majestätischen Steintreppe stehen. Sie führt zu einem imposanten Steintor mit zwei mystischen Steinsäulen an den Seiten, die dir aus verschiedenen Tarotkarten bekannt sind. Dieses Tor stellt den Eingang zu einer magischen und geheimnisvollen Tarot Welt dar, die es zu erforschen gilt.

Mit jedem Schritt auf der Steintreppe lässt du die gewöhnliche Welt hinter dir. Du durchschreitest das Steintor und ein magischer Wald öffnet sich vor dir.

Du wanderst durch diesen magischen Wald und stehst auf einmal an einer Weggabelung. Ein uraltes Holzschild weist den Weg: In die eine Richtung geht es in die große Arkana, in die andere in die kleine Arkana des Tarot.

Die geheimnisvolle Aura der großen Arkana fasziniert dich und du beschließt, diesem Weg zu folgen.

Unterwegs entdeckst du seltsame Pilze, leuchtende, mystische Blumen und schließlich ein magisches Tor, das fest verschlossen ist. Es ist kunstvoll verziert und ein Griff lädt dich ein, es zu öffnen.

An der Seite des Tores findest du ein kleines Feld, in das du eine Zahl eintragen kannst. Du gibst die Zahl 3 ein, die für die Tarotkarte "Die Herrscherin" steht, und wie von Zauberhand erscheint das Bildmotiv dieser Karte auf dem Tor.

Du trittst durch das Tor und findest dich inmitten einer üppig blühenden Landschaft wieder. Der Duft von Blumen und fruchtbarer Erde liegt in der Luft. Dies ist das Reich der Herrscherin, der Verkörperung von Weiblichkeit, Schönheit, Kreativität, Fülle und Überfluss.

Die Herrscherin empfängt dich mit offenen Armen. Sie ist eine majestätische Gestalt, in leuchtende Farben gekleidet und mit den Juwelen der Natur geschmückt.

Ihre Augen strahlen Wärme und Weisheit aus. "Willkommen in meinem Reich", sagt sie, "hier hast du die Möglichkeit, die Gaben der Selbstliebe und der Selbstfürsorge zu erlernen".

Zuerst führt sie dich auf ein riesiges Feld mit unzähligen Blumen. "Schau", sagt sie, "jede dieser Blumen ist auf ihre Weise schön. Jede hat ihre eigene Farbe, ihren eigenen Duft, ihre eigene Form. Und so ist es auch mit uns. Jeder von uns ist auf seine Weise einzigartig und schön. Wenn du diese Wahrheit erkennst und feierst, fängst du an, dich selbst zu lieben".

Sie lädt dich ein, die Blumen zu berühren, ihren Duft einzuatmen und ihre Schönheit zu bewundern. Du spürst, wie diese Erfahrung dein Selbstbild und dein Verständnis von Schönheit verändert.

Weiter geht es zu einem sprudelnden Bach, dessen Wasser kristallklar und erfrischend ist. "Dieser Bach", erklärt die Herrscherin, "symbolisiert unsere Kreativität und Fruchtbarkeit. So wie das Wasser ständig fließt und sich verändert, so ist auch unsere Kreativität in ständiger Bewegung und Entwicklung. Wir sind ständig dabei, neues Leben zu schaffen, sei es in Form von Ideen, Projekten, Beziehungen oder Kindern."

Sie lädt dich ein, mit dem Wasser zu spielen, es durch deine Finger gleiten zu lassen und seine lebendige Energie zu spüren. Diese Erfahrung weckt in dir ein neues Verständnis für deine eigene Kreativität und Fruchtbarkeit.

Schließlich führt sie dich zu einem üppigen Obstbaum voller saftiger Früchte. "Dieser Baum", sagt die Herrscherin, "steht für Fülle und Überfluss. Sie sind immer da, in uns und um uns herum, wenn wir sie nur erkennen und annehmen lernen".

Jetzt lädt sie dich ein, eine Frucht zu pflücken und zu essen. Der Geschmack ist süß und sättigend, und du nimmst dir einen Moment Zeit, um die Fülle um dich herum zu genießen. Du beginnst, die Fülle und den Überfluss in deinem eigenen Leben zu sehen und anzunehmen.

Es ist Zeit, sich zu verabschieden. Die Herrscherin legt dir die Hand auf die Schulter und schaut dir tief in die Augen. "Erinnere dich an das, was du hier gelernt hast", sagt sie, "liebe dich selbst, ehre deine Kreativität, feiere deine Fülle. Du bist schön, kreativ und reich in so vielen Aspekten. Nimm diese Erkenntnisse mit und lass sie Teil deines täglichen Lebens werden."

Mit diesen Worten begleitet dich die Herrscherin zurück zum Tor. Du zögerst einen Moment, bevor du hindurchgehst. Du blickst zurück auf die üppige Landschaft, die blühenden Blumen, den sprudelnden Bach, den prallen Obstbaum. Du schaust auf die Herrscherin, ihre strahlende Präsenz, die Wärme in ihren Augen.

Dann gehst du durch das Tor, zurück in den Wald, aber du nimmst etwas mit. Etwas hat sich verändert. Du spürst eine neue Wärme in deinem Herzen, eine neue Klarheit in deinem Geist. Du spürst die Liebe zu dir selbst, die Anerkennung deiner eigenen Schönheit, die Freude an deiner Kreativität, die Dankbarkeit für die Fülle in deinem Leben.

Das Tor schließt sich hinter dir, aber die Lehren der Herrscherin bleiben bei dir. Sie sind nun ein Teil von dir, in deinem Herzen abgespeichert und fest in deinem Geist verankert. Sie werden dich führen und stärken, dir helfen, dich selbst zu lieben und zu ehren, deine Kreativität zu feiern und die Fülle deines Lebens anzunehmen.

Du trägst die Herrscherin in dir. Du bist nicht mehr nur du, du bist auch sie. Du bist die Meisterin deines eigenen Lebens. Du bist die Königin deiner Welt.

******

Du schlenderst noch ein wenig durch den Wald und genießt die friedliche Atmosphäre, als du auf einmal eine Kartenlegerin am Wegesrand entdeckst.

Sie sitzt an einem kleinen Tisch, auf dem ein Deck Tarotkarten ausgebreitet ist. Dir fällt auf, dass die Tarotkarte "Die Herrscherin" direkt vor ihr liegt. Die Kartenlegerin schaut auf und bemerkt dein Interesse. Sie gibt dir ein Zeichen und lächelt dich freundlich an.

Du gehst auf sie zu und sie beginnt, dir die Deutung der Karte "Die Herrscherin" noch einmal zu erklären, damit du sie dir besser einprägen und bei zukünftigen Legungen wieder abrufen kannst.

Die Kartenlegerin geht auf die verschiedenen Deutungen der Karte ein:

- **Fülle und Überfluss:** Die Herrscherin symbolisiert deine Fähigkeit, Fülle und Überfluss zu schaffen, zu schützen und zu bewahren.

- **Weiblichkeit und Schönheit:** Die Karte steht für deine Verbindung zur Weiblichkeit und Schönheit, sowohl äußerlich als auch innerlich.

- **Kreativität und Fruchtbarkeit:** Die Herrscherin steht für deine kreative Energie und deine Fähigkeit, Neues zu schaffen und wachsen zu lassen.

- **Persönliches Wachstum und Entfaltung:** Die Karte erinnert dich daran, auf dich selbst zu achten und für dein persönliches Wachstum und deine Entfaltung zu sorgen.

Nachdem dir die Kartenlegerin diese Deutungen erklärt hat, bedankst du dich bei ihr und gehst weiter durch den Wald.

Du spürst die kraftvollen Energien, die du in der Fantasiereise und im Gespräch mit der Kartenlegerin erfahren hast. Du weißt nun, wie du die Deutungen der Karte nutzen kannst, um dein Leben in eine positive Richtung zu lenken.

******

Und so wird es langsam Zeit, die Reise für heute zu beenden. Da taucht auch schon wieder der Eingang mit den 2 mystischen Steinsäulen und der Treppe auf.

Du gehst durch das Steintor und die Treppe wieder hinunter. Mit jeder Treppenstufe kommst du mehr und mehr im Hier und Jetzt an und bist dir bewusst, dass du die gelernten Deutungen der Karte bei dir trägst, um sie jederzeit abrufen zu können.

Fantasiereise zur Tarotkarte „Der Herrscher"

Um deine Fantasiereise zu beginnen, siehst du dich vor einer majestätischen Steintreppe stehen. Sie führt zu einem imposanten Steintor mit zwei mystischen Steinsäulen an den Seiten, die dir aus verschiedenen Tarotkarten bekannt sind. Dieses Tor stellt den Eingang zu einer magischen und geheimnisvollen Tarot Welt dar, die es zu erforschen gilt.

Mit jedem Schritt auf der Steintreppe lässt du die gewöhnliche Welt hinter dir. Du durchschreitest das Steintor und ein magischer Wald öffnet sich vor dir.

Du wanderst durch diesen magischen Wald und stehst auf einmal an einer Weggabelung. Ein uraltes Holzschild weist den Weg: In die eine Richtung geht es in die große Arkana, in die andere in die kleine Arkana des Tarot.

Die geheimnisvolle Aura der großen Arkana fasziniert dich und du beschließt, diesem Weg zu folgen.

Unterwegs entdeckst du seltsame Pilze, leuchtende, mystische Blumen und schließlich ein magisches Tor, das fest verschlossen ist. Es ist kunstvoll verziert und ein Griff lädt dich ein, es zu öffnen.

An der Seite des Tores findest du ein kleines Feld, in das du eine Zahl eintragen kannst. Du gibst die Zahl 4 ein, die für die Tarotkarte "Der Herrscher" steht, und wie von Zauberhand erscheint das Bildmotiv dieser Karte auf dem Tor.

Durch das Tor gelangst du in einen prächtigen Saal, dessen Wände mit kostbaren Wandteppichen geschmückt sind. In der Mitte des Raumes steht ein massiver, rechteckiger Steinthron, der mit vier Widderköpfen geschmückt ist.

Du spürst die Autorität und Macht, die von diesem Thron ausgeht, und gleichzeitig eine tiefe Stabilität und Ordnung.

Auf dem Thron sitzt ein Mann mit einer goldenen Krone auf dem Kopf und einem Zepter in der Hand. Du spürst seine Ausstrahlung, eine Mischung aus Macht und Verantwortung, Disziplin und Durchsetzungsvermögen. Du bemerkst seine aufrichtige Haltung und den festen, entschlossenen Blick, der ihn zum Wegbereiter macht.

In der Welt des Herrschers bist du aufgefordert, deinen eigenen inneren Herrscher zu erkennen und zu ehren. Du sitzt auf einem kleinen Thron neben dem großen. Du spürst die kühle, feste Struktur des Steins unter dir und stellst dir vor, dass du eine Krone trägst und ein Zepter in der Hand hältst.

Und nun denk an einen Bereich in deinem Leben, in dem du gerne mehr Verantwortung übernehmen oder mehr Disziplin zeigen würdest. Vielleicht ist es dein Beruf, deine persönliche Entwicklung oder deine Beziehungen zu anderen. Visualisiere diesen Bereich und fühle, wie du mit der Kraft und Autorität eines Herrschers die Kontrolle übernimmst. Spüre die Macht, die von dir ausgeht, und das Gefühl von Ordnung und Struktur, das du schaffst.

Während du auf dem Thron sitzt und diese Macht erlebst, beginnst du zu verstehen, was es bedeutet, ein Herrscher zu sein. Du erkennst, dass es nicht nur darum geht, Autorität auszuüben und Befehle zu erteilen, sondern auch darum, Verantwortung für dein eigenes Leben und das Leben anderer zu übernehmen. Du spürst, wie dich diese Erkenntnis stärkt und dir ein neues Gefühl von Sicherheit und Vertrauen in deine Fähigkeiten gibt.

Schließlich, nachdem du das Wesen des Herrschers ganz in dir aufgenommen hast, erhebt ihr euch beide vom Thron und macht euch auf den Weg in die Stadt, deren Gebäude sich eindrucksvoll vor dir erheben. Alles wirkt strukturiert und gut organisiert, von den Straßen über die Gebäude bis hin zu den Menschen, die ihren Tätigkeiten nachgehen. Auch in der Stadt steht der Herrscher für Führung, Struktur, Stabilität, Vernunft und Pflichtbewusstsein.

Zuerst führt er dich zu einer Versammlung von Stadtbewohnern, die in eine hitzige Debatte vertieft sind. Der Herrscher tritt vor und bringt mit seiner ruhigen und vernünftigen Art Ordnung in die Diskussion. "Siehst du", erklärt er dir, "als Herrscher musst du in der Lage sein, in jeder Situation Vernunft und Weisheit walten zu lassen. Es ist deine Aufgabe, einen Ausgleich zwischen den verschiedenen Meinungen zu finden und eine Entscheidung zu treffen, die dem Wohl aller dient". Man sieht, wie er mit Bedacht und Respekt die Standpunkte aller berücksichtigt und schließlich eine Entscheidung trifft, die auf breite Zustimmung stößt.

Weiter geht es mit einem Bauprojekt. Der Herrscher zeigt dir die Baupläne und erklärt die verschiedenen Aspekte des Projekts. "Struktur und Organisation sind entscheidend für den Erfolg eines Projekts", sagt er. "Als Führungskraft musst du einen Plan haben und dafür sorgen, dass jeder seinen Teil dazu beiträgt." Du siehst, wie sorgfältig er die Arbeit der Bauarbeiter überwacht und sicherstellt, dass alles nach Plan läuft.

Schließlich führt er dich zu den Stadtmauern, die die Stadt vor Gefahren von außen schützen. "Stabilität und Sicherheit sind wichtig für das Wohlbefinden der Menschen, die du leitest", sagt der Herrscher. "Sie müssen sich darauf verlassen können, dass du sie beschützt und für sie sorgst." Er erklärt dir, wie er dafür sorgt, dass die Mauern immer in gutem Zustand sind, und wie er Wachen einsetzt, um für Sicherheit zu sorgen.

Die Zeit im Reich des Herrschers neigt sich dem Ende zu. Er schaut dich ernst an und sagt: "Nimm dir die Lektionen zu Herzen, die du heute gelernt hast. Ein wahrer Führer zeigt Vernunft und Weisheit, plant und organisiert sorgfältig, sorgt für Stabilität und Sicherheit und hat stets das Wohl derer im Auge, die er führt." Mit diesen Worten verabschiedet er sich von dir und du gehst durch das Tor zurück in den Wald.

******

Du schlenderst noch ein wenig durch den Wald und genießt die friedliche Atmosphäre, als du auf einmal eine Kartenlegerin am Wegesrand entdeckst.

Sie sitzt an einem kleinen Tisch, auf dem ein Deck Tarotkarten ausgebreitet ist. Dir fällt auf, dass die Tarotkarte "Der Herrscher" direkt vor ihr liegt.

Die Kartenlegerin schaut auf und bemerkt dein Interesse. Sie gibt dir ein Zeichen und lächelt dich freundlich an. Du gehst auf sie zu und sie beginnt, dir die Deutung der Karte "Der Herrscher" noch einmal zu erklären, damit du sie dir besser einprägen und bei zukünftigen Legungen wieder abrufen kannst.

Die Kartenlegerin geht auf die verschiedenen Deutungen der Karte ein:

- **Autorität und Führung:** Der Herrscher symbolisiert deine Fähigkeit, Autorität und Führung auszuüben, um Struktur und Stabilität zu schaffen.

- **Vernunft und Klugheit:** Die Karte steht für deine Vernunft und Klugheit, die dir helfen, gut durchdachte Entscheidungen zu treffen und dein Leben erfolgreich zu gestalten.

- **Verantwortungsbewusstsein und Pflichtgefühl:** Der Herrscher steht für dein ausgeprägtes Verantwortungsbewusstsein und Pflichtgefühl, das es dir ermöglicht, anderen gegenüber loyal und verlässlich zu sein.

- **Stabiles und sicheres Umfeld:** Die Karte erinnert dich daran, deine Fähigkeiten und Ressourcen zu nutzen, um für dich und andere ein stabiles und sicheres Umfeld zu schaffen.

Nachdem dir die Kartenlegerin diese Deutungen erklärt hat, bedankst du dich bei ihr und gehst weiter durch den Wald.

Du spürst die kraftvollen Energien, die du in der Fantasiereise und im Gespräch mit der Kartenlegerin erfahren hast. Du weißt nun, wie du die Deutungen der Karte nutzen kannst, um dein Leben in eine positive Richtung zu lenken.

******

Und so wird es langsam Zeit, die Reise für heute zu beenden. Da taucht auch schon wieder der Eingang mit den 2 mystischen Steinsäulen und der Treppe auf.

Du gehst durch das Steintor und die Treppe wieder hinunter. Mit jeder Treppenstufe kommst du mehr und mehr im Hier und Jetzt an und bist dir bewusst, dass du die gelernten Deutungen der Karte bei dir trägst, um sie jederzeit abrufen zu können.

Fantasiereise zur Tarotkarte „Der Hierophant"

Um deine Fantasiereise zu beginnen, siehst du dich vor einer majestätischen Steintreppe stehen. Sie führt zu einem imposanten Steintor mit zwei mystischen Steinsäulen an den Seiten, die dir aus verschiedenen Tarotkarten bekannt sind. Dieses Tor stellt den Eingang zu einer magischen und geheimnisvollen Tarot Welt dar, die es zu erforschen gilt.

Mit jedem Schritt auf der Steintreppe lässt du die gewöhnliche Welt hinter dir. Du durchschreitest das Steintor und ein magischer Wald öffnet sich vor dir.

Du wanderst durch diesen magischen Wald und stehst auf einmal an einer Weggabelung. Ein uraltes Holzschild weist den Weg: In die eine Richtung geht es in die große Arkana, in die andere in die kleine Arkana des Tarot.

Die geheimnisvolle Aura der großen Arkana fasziniert dich und du beschließt, diesem Weg zu folgen.

Unterwegs entdeckst du seltsame Pilze, leuchtende, mystische Blumen und schließlich ein magisches Tor, das fest verschlossen ist. Es ist kunstvoll verziert und ein Griff lädt dich ein, es zu öffnen.

An der Seite des Tores findest du ein kleines Feld, in das du eine Zahl eintragen kannst. Du gibst die Zahl 5 ein, die für die Tarotkarte "Der Hierophant" steht, und wie von Zauberhand erscheint das Bildmotiv dieser Karte auf dem Tor.

Du trittst durch das Tor und findest dich in einer beeindruckenden Kathedrale wieder. Die bunten Glasfenster lassen das Licht in tausend Farben erstrahlen und eine friedliche Stille liegt in der Luft. Hier ist die Welt des Hierophanten, ein Ort, an dem Lehren und Lernen, Selbstvertrauen, Beratung, geistige Führung und göttlicher Schutz eine besondere Rolle spielen.

Am Altar begegnet man dem Hierophanten selbst. Er ist eine ehrwürdige Gestalt, in feierliche Gewänder gekleidet, die seine Rolle als geistiger Führer unterstreichen. Sein Gesicht ist sanft und weise und strahlt ein tiefes Gefühl von Frieden und Geborgenheit aus. Er begrüßt dich mit warmer Stimme und sagt: "Willkommen, mein Kind. Hier kannst du lernen und lehren, dir selbst vertrauen und gute Ratschläge geben und empfangen".

Zuerst führt dich der Hierophant zu einer kleinen Gruppe von Menschen, die in ein Gespräch vertieft sind. "Ein Teil des Lehrens besteht darin, zuzuhören und zu lernen", erklärt er. "Aber auch, deine eigenen Gedanken und Erfahrungen mitzuteilen." Du setzt dich in die Gruppe und nimmst an der Diskussion teil. Du hörst zu, lernst von den anderen und teilst schließlich deine eigenen Gedanken mit. Du spürst, wie dein Selbstvertrauen wächst, wenn du deine eigenen Erfahrungen und Ideen mit anderen teilst.

Dann führt dich der Hierophant zu einem einsamen Menschen, der in tiefe Meditation versunken zu sein scheint. "Manchmal ist es wichtig, gute Ratschläge zu geben oder zu erhalten", sagt er. "Aber genauso wichtig ist es, in sich zu gehen und auf die Stimme des Herzens zu hören." Der Hierophant ermutigt dich, dich hinzusetzen und einen Moment der Stille zu finden. Du schließt die Augen, atmest tief ein und aus und fühlst dich tief mit dir verbunden.

Deine Tage sind gefüllt mit Lernen und Lehren, mit Austausch und Reflexion. Du findest Freude an dieser sinnvollen Aufgabe, an diesem lebensbejahenden Wachstumsprozess. Unter der spirituellen Führung des Hierophanten blühst du auf und entdeckst die Kraft deines eigenen Selbstvertrauens.

Und so geht es jeden Tag weiter in der Welt des Hierophanten, ein wunderbares Zusammenspiel von Geben und Nehmen, Lehren und Lernen, Wachsen und Entdecken. Du bist hier nicht nur Schülerin, sondern auch Lehrerin. Deine Erfahrungen und Erkenntnisse bereichern nicht nur dein eigenes Leben, sondern auch das deiner Mitmenschen.

Und während du hier bist, beschützt und geführt vom Hierophanten, wirst du erkennen, dass du immer die Fähigkeit hattest, dein Leben zu meistern. Du hattest nur die richtige Führung, den richtigen Rat und das richtige Selbstvertrauen gebraucht.

Zum Schluss führt dich der Hierophant in einen kleinen Raum, in dem eine einfache Aufgabe auf dich wartet. "Jede noch so kleine Aufgabe kann sinnvoll und erfüllend sein, wenn du sie mit Hingabe und Aufmerksamkeit erfüllst", erklärt er. Die Aufgabe ist einfach, aber du machst sie mit Sorgfalt und Hingabe. Während du arbeitest, spürst du eine tiefe Erfüllung und Zufriedenheit in dir.

Nun ist es Zeit, Abschied zu nehmen. Der Hierophant legt dir die Hand auf die Schulter und schaut dir tief in die Augen. "Vergiss nicht, mein Kind", sagt er, "dass du immer unter göttlichem Schutz stehst. Glaube an dich, lerne und lehre, höre und teile deine Weisheit und erfülle deine Aufgaben mit Hingabe." Mit diesen Worten entlässt er dich, und du gehst durch das Tor zurück in den Wald. Aber die Lektionen, die du gelernt hast, die Erfahrungen, die du gemacht hast, bleiben bei dir.

******

Du schlenderst noch ein wenig durch den Wald und genießt die friedliche Atmosphäre, als du auf einmal eine Kartenlegerin am Wegesrand entdeckst.

Sie sitzt an einem kleinen Tisch, auf dem ein Deck Tarotkarten ausgebreitet ist. Dir fällt auf, dass die Tarotkarte "Der Hierophant" direkt vor ihr liegt.

Die Kartenlegerin schaut auf und bemerkt dein Interesse. Sie gibt dir ein Zeichen und lächelt dich freundlich an. Du gehst auf sie zu und sie beginnt, dir die Deutung der Karte "Der Hierophant" noch einmal zu erklären, damit du sie dir besser einprägen und bei zukünftigen Legungen wieder abrufen kannst.

Die Kartenlegerin geht auf die verschiedenen Deutungen der Karte ein:

- **Spirituelle Führung:** Der Hierophant symbolisiert die spirituelle Führung, die durch Lehren und Traditionen entsteht und dir hilft, Weisheit und Orientierung auf deinem Lebensweg zu finden.

- **Verbindung zwischen der physischen und der geistigen Welt:** Die Karte steht für die Verbindung zwischen der physischen und der geistigen Welt und zeigt dir, wie du diese beiden Aspekte in deinem Leben in Einklang bringen kannst.

- **Spirituelle Reise:** Der Hierophant erinnert dich daran, dich auf deine spirituelle Reise zu begeben und die Möglichkeiten zu erkunden, die sich dir durch Glauben und spirituelles Wachstum eröffnen.

- **Die Weisheit und das Wissen der Traditionen:** Die Karte erinnert dich daran, dich mit der Weisheit und dem Wissen der Traditionen zu verbinden, um ein tieferes Verständnis und innere Stärke zu erlangen.

Nachdem dir die Kartenlegerin diese Deutungen erklärt hat, bedankst du dich bei ihr und gehst weiter durch den Wald.

Du spürst die kraftvollen Energien, die du in der Fantasiereise und im Gespräch mit der Kartenlegerin erfahren hast. Du weißt nun, wie du die Deutungen der Karte nutzen kannst, um dein Leben in eine positive Richtung zu lenken.

******

Und so wird es langsam Zeit, die Reise für heute zu beenden. Da taucht auch schon wieder der Eingang mit den 2 mystischen Steinsäulen und der Treppe auf.

Du gehst durch das Steintor und die Treppe wieder hinunter. Mit jeder Treppenstufe kommst du mehr und mehr im Hier und Jetzt an und bist dir bewusst, dass du die gelernten Deutungen der Karte bei dir trägst, um sie jederzeit abrufen zu können.

Fantasiereise zur Tarotkarte „Die Liebenden"

Um deine Fantasiereise zu beginnen, siehst du dich vor einer majestätischen Steintreppe stehen. Sie führt zu einem imposanten Steintor mit zwei mystischen Steinsäulen an den Seiten, die dir aus verschiedenen Tarotkarten bekannt sind. Dieses Tor stellt den Eingang zu einer magischen und geheimnisvollen Tarot Welt dar, die es zu erforschen gilt.

Mit jedem Schritt auf der Steintreppe lässt du die gewöhnliche Welt hinter dir. Du durchschreitest das Steintor und ein magischer Wald öffnet sich vor dir.

Du wanderst durch diesen magischen Wald und stehst auf einmal an einer Weggabelung. Ein uraltes Holzschild weist den Weg: In die eine Richtung geht es in die große Arkana, in die andere in die kleine Arkana des Tarot.

Die geheimnisvolle Aura der großen Arkana fasziniert dich und du beschließt, diesem Weg zu folgen.

Unterwegs entdeckst du seltsame Pilze, leuchtende, mystische Blumen und schließlich ein magisches Tor, das fest verschlossen ist. Es ist kunstvoll verziert und ein Griff lädt dich ein, es zu öffnen.

An der Seite des Tores findest du ein kleines Feld, in das du eine Zahl eintragen kannst. Du gibst die Zahl 6 ein, die für die Tarotkarte "Die Liebenden" steht, und wie von Zauberhand erscheint das Bildmotiv dieser Karte auf dem Tor.

Du trittst durch das Tor und findest dich in einem üppigen, prächtigen Garten wieder, einem wahren Paradies auf Erden. Wie eine Oase des Lebens inmitten der Stille ist dieser Ort voller Leben. Der Duft tausender exotischer Blumen, frischer, dunkler Erde und sattgrünen Grases erfüllt die Luft. Es ist ein Duft der Reinheit, der Geborgenheit, der sinnlichen Verlockung.

Ein sanfter Wind streicht zärtlich über dein Gesicht und durch dein Haar, trägt den süßen Duft der Blumen zu dir und lässt das Laub der Bäume leise rascheln.

Es ist, als würden sie dir eine stumme Melodie vorspielen, die nur für deine Ohren bestimmt ist. Das leise Plätschern eines Brunnens klingt in der Ferne, als würde es dir den Weg weisen. Jeder Klang, jeder Duft, jede Berührung durch die Elemente des Gartens bringt dich näher an diesen Ort der Harmonie und des Friedens, voller Leben und atemberaubender Schönheit.

Dieser Garten ist das Zuhause der Liebenden, ein Heiligtum, das der Liebe, der Partnerschaft, der Leidenschaft, der Harmonie und der Entscheidung aus ganzem Herzen gewidmet ist. Ein Ort, an dem jeder Augenblick zählt, jede Berührung ein Versprechen ist und jedes Wort Bedeutung hat.

Man folgt einem verschlungenen Pfad und am Ende der Reise trifft man auf die Bewohner dieses magischen Ortes: die Liebenden selbst. Es sind zwei Seelen, die sich in einem symbiotischen Tanz aus Verbundenheit und tiefer Zuneigung ineinander verschlungen haben. Ihre Blicke sprechen Bände, erzählen Geschichten von Liebe und Leidenschaft, von Freundschaft und tiefer Verbundenheit.

Sie strahlen eine harmonische Einheit aus, die einen tief berührt und das Gefühl vermittelt, Teil eines größeren Ganzen zu sein. Ihr Lächeln ist ansteckend, ihre offenen Arme einladend und ihre Worte klingen wie eine süße Melodie in deinen Ohren: "Willkommen in unserem Garten. Hier kannst du die Kraft der Liebe und der Partnerschaft erfahren und lernen, was es heißt, Entscheidungen aus dem Herzen zu treffen."

Sie führen dich zu ihrem Lieblingsplatz, einem lauschigen Plätzchen, umgeben von blühenden Büschen und mit Blick auf den türkisblauen Himmel. Hier teilen sie ihre Zeit und ihre Geschichten. Sie erzählen von ihren Abenteuern, von der Entdeckung ihrer Leidenschaft und von der Entfaltung ihrer Liebe. Ihre Augen funkeln wie Sterne in der Dämmerung, ihre Stimmen sind warm und sanft und tragen die Melodie ihrer Liebe. Du fühlst dich von ihrer Aura reiner Liebe und tiefer Freundschaft umgeben.

Anschließend zeigen sie dir ihren wunderschönen Garten. Sie erzählen, wie sie ihn mit Liebe, Geduld und gemeinsamer Arbeit geschaffen haben.

"Die Liebe ist wie ein Garten", sagen sie mit weisen und ehrlichen Gesichtern. "Er muss gehegt und gepflegt werden. Er braucht Zusammenarbeit, Harmonie und Respekt, um zu wachsen und zu gedeihen." Man sieht, wie sie Hand in Hand arbeiten, wie sie sich gegenseitig mit sanften Berührungen und aufmunternden Worten unterstützen. Jede Entscheidung treffen sie gemeinsam und in völliger Übereinstimmung. Sie lehren dich, dass echte Partnerschaft bedeutet, zusammen zu wachsen, sich gegenseitig zu nähren und zu stärken.

Zum Abschluss deines Besuchs laden sie dich ein, an einem der vielen üppig bepflanzten Blumenbeete zu verweilen. Sie fordern dich auf, eine Entscheidung von ganzem Herzen zu treffen: Welche Blume wirst du auswählen und pflanzen, um diesen Garten der Liebe und Partnerschaft zu bereichern? Du schließt die Augen und hörst in dich hinein, lässt deine innere Stimme sprechen. Sie weist dir den Weg zu einer Entscheidung, die sich richtig und wahr anfühlt. Mit liebevoller Sorgfalt pflanzt du die Blume deiner Wahl und spürst, wie eine Welle der Liebe, der Harmonie und des Friedens dich durchströmt. Es ist ein Gefühl der Zugehörigkeit, der Zufriedenheit, der tiefen und wahren Liebe.

Nun ist es an der Zeit, dich von deinen Lieben zu verabschieden. Sie drücken dich fest an sich, ihre Umarmung ist warm und liebevoll. Sie wünschen dir Liebe und Harmonie auf deinem Weg und erinnern dich daran: "Vergiss nie, dass Liebe und Partnerschaft bedeuten, gemeinsam zu wachsen, Harmonie zu schaffen und Entscheidungen aus vollem Herzen zu treffen." Ihre Worte klingen in deinen Gedanken nach, während du dich von ihnen löst.

Du gehst durch das Tor zurück in den magischen Wald, aber du bist verändert. Die Erfahrungen, die du im Garten der Liebenden gemacht hast, klingen in dir nach. Sie haben dich gelehrt, dass Liebe und Partnerschaft nicht nur Romantik und Leidenschaft bedeuten, sondern auch Harmonie, Wachstum und das Treffen von Entscheidungen aus tiefstem Herzen.

Der Wald empfängt dich wieder, seine vertraute Stille ist wie eine beruhigende Melodie.

Du blickst auf deine Hände, die mit so viel Sorgfalt eine Blume gepflanzt haben. Sie sind ein Symbol für die Entscheidungen, die du getroffen hast und für die, die du noch treffen wirst. Sie erinnern dich daran, dass jede Entscheidung, die du mit ganzem Herzen triffst, einen Unterschied macht, dass sie wie Samen sind, die du pflanzt und die irgendwann aufblühen werden.

******

Du schlenderst noch ein wenig durch den Wald und genießt die friedliche Atmosphäre, als du auf einmal eine Kartenlegerin am Wegesrand entdeckst.

Sie sitzt an einem kleinen Tisch, auf dem ein Deck Tarotkarten ausgebreitet ist. Dir fällt auf, dass die Tarotkarte "Die Liebenden" direkt vor ihr liegt.

Die Kartenlegerin schaut auf und bemerkt dein Interesse. Sie gibt dir ein Zeichen und lächelt dich freundlich an. Du gehst auf sie zu und sie beginnt, dir die Deutung der Karte "Die Liebenden" noch einmal zu erklären, damit du sie dir besser einprägen und bei zukünftigen Legungen wieder abrufen kannst.

Die Kartenlegerin geht auf die verschiedenen Deutungen der Karte ein:

- **Kraft der Liebe und Partnerschaft:** Die Liebenden symbolisieren die Kraft der Liebe und Partnerschaft, die das Leben bereichern und Halt geben kann.

- **Entscheidungen und Wahlmöglichkeiten:** Die Karte steht auch für Entscheidungen und Wahlmöglichkeiten, die dein Leben und deine Beziehungen beeinflussen und dir die Chance geben, bewusste Entscheidungen zu treffen.

- **Ausgeglichenheit und Einheit:** Die Liebenden stehen für Ausgeglichenheit und Einheit, die dir helfen, Harmonie und Ausgeglichenheit in deinem Leben und deinen Beziehungen zu finden.

- **Konzentriere dich auf Liebe und Beziehungen:** Diese Karte erinnert dich daran, dich auf die Liebe und die Beziehungen in deinem Leben zu konzentrieren, um tiefere Bindungen und gemeinsames Wachstum zu fördern.

Nachdem dir die Kartenlegerin diese Deutungen erklärt hat, bedankst du dich bei ihr und gehst weiter durch den Wald.

Du spürst die kraftvollen Energien, die du in der Fantasiereise und im Gespräch mit der Kartenlegerin erfahren hast. Du weißt nun, wie du die Deutungen der Karte nutzen kannst, um dein Leben in eine positive Richtung zu lenken.

******

Und so wird es langsam Zeit, die Reise für heute zu beenden. Da taucht auch schon wieder der Eingang mit den 2 mystischen Steinsäulen und der Treppe auf.

Du gehst durch das Steintor und die Treppe wieder hinunter. Mit jeder Treppenstufe kommst du mehr und mehr im Hier und Jetzt an und bist dir bewusst, dass du die gelernten Deutungen der Karte bei dir trägst, um sie jederzeit abrufen zu können.

Fantasiereise zur Tarotkarte „Der Wagen"

Um deine Fantasiereise zu beginnen, siehst du dich vor einer majestätischen Steintreppe stehen. Sie führt zu einem imposanten Steintor mit zwei mystischen Steinsäulen an den Seiten, die dir aus verschiedenen Tarotkarten bekannt sind. Dieses Tor stellt den Eingang zu einer magischen und geheimnisvollen Tarot Welt dar, die es zu erforschen gilt.

Mit jedem Schritt auf der Steintreppe lässt du die gewöhnliche Welt hinter dir. Du durchschreitest das Steintor und ein magischer Wald öffnet sich vor dir.

Du wanderst durch diesen magischen Wald und stehst auf einmal an einer Weggabelung. Ein uraltes Holzschild weist den Weg: In die eine Richtung geht es in die große Arkana, in die andere in die kleine Arkana des Tarot.

Die geheimnisvolle Aura der großen Arkana fasziniert dich und du beschließt, diesem Weg zu folgen.

Unterwegs entdeckst du seltsame Pilze, leuchtende, mystische Blumen und schließlich ein magisches Tor, das fest verschlossen ist. Es ist kunstvoll verziert und ein Griff lädt dich ein, es zu öffnen.

An der Seite des Tores findest du ein kleines Feld, in das du eine Zahl eintragen kannst. Du gibst die Zahl 7 ein, die für die Tarotkarte "Der Wagen" steht, und wie von Zauberhand erscheint das Bildmotiv dieser Karte auf dem Tor.

Du trittst durch das Tor und findest dich auf einer breiten, offenen Straße wieder. Der Weg erstreckt sich bis zum Horizont, flankiert von weiten Wiesen, die im Wind tanzen. Die Sonne scheint vom klaren blauen Himmel und die Luft ist erfüllt vom Duft frischen Grases.

Hier, in dieser weiten Landschaft, ist der Wagen zu Hause, Symbol für Fortschritt und Erfolg, für Willenskraft und Entschlossenheit, für Abenteuer und Mut, für Zielstrebigkeit und Konzentration, für Vertrauen in die eigenen Fähigkeiten, für Unternehmungslust und Tatendrang, für Selbstverwirklichung und Selbstbestimmung.

Am Ende der Straße sieht man einen prächtigen Wagen, der von zwei starken Pferden gezogen wird.

Hinter dem Wagen erstreckt sich eine geschäftige Stadt, deren Rand er gerade verlässt. Du siehst, wie der Wagen feste Mauern und vertraute Strukturen hinter sich lässt, und ein Gefühl von Unternehmungslust und Abenteuer beginnt in dir zu brodeln.

Auf dem Wagen steht ein Mann in glänzender Rüstung, der Wagenlenker. Sein Blick ist fest auf die Straße gerichtet, seine Haltung strahlt Entschlossenheit und Zuversicht aus. Er begrüßt dich mit einem kräftigen Kopfnicken und ruft dir zu: "Willkommen! Bist du bereit, den Weg des Wagens zu gehen und zu lernen, was es heißt, mutig voranzuschreiten und mit Entschlossenheit und Konzentration deine Ziele zu verfolgen?".

Du steigst auf den Wagen und setzt dich neben den Wagenlenker. Der Wagen setzt sich in Bewegung, du spürst den Wind in deinen Haaren und siehst die Landschaft an dir vorbeiziehen. Der Wagenlenker erklärt dir, wie er den Wagen lenkt und du bist beeindruckt von seiner Willenskraft und seinem Können. "Es erfordert Konzentration und Entschlossenheit, diesen Wagen zu lenken", sagt er. "Aber es ist eine unternehmerische Aufgabe voller Abenteuer und Erfolg, wenn du Vertrauen in deine Fähigkeiten hast."

Er fordert dich auf, die Zügel in die Hand zu nehmen, und du spürst einen Moment der Angst. Aber dann erinnert er dich an deine Fähigkeiten und ermutigt dich, mutig zu sein. Du greifst nach den Zügeln.

Du fühlst die raue Beschaffenheit der Lederzügel, riechst den erdigen Geruch der Pferde und hörst ihr leises Schnauben.

Die Pferde blicken in verschiedene Richtungen, eine Metapher für die Alternativen und Entscheidungen, vor denen du im Leben stehst. Du siehst dich als Entscheiderin, die bestimmt, wohin die Reise geht.

Deine Hände halten die Zügel fest in der Hand. Du stellst dir eine bestimmte Situation in deinem Leben vor, in der du dir unsicher bist, welche Richtung du einschlagen sollst. Mit entschlossenem Blick lenkst du die Pferde in die von dir gewählte Richtung. Du spürst, wie dein Herz schneller schlägt und eine Welle von Aufbruchstimmung und Mut dich durchströmt.

Es ist ein aufregendes Erlebnis und eine Erfahrung voller Zuversicht und Unternehmungslust, eine Erfahrung des Aufbruchs und des Selbstvertrauens.

Als die Sonne untergeht, hältst du an und übergibst dem Wagenlenker die Zügel. Er schaut dich ernst an. "Die Reise des Wagens ist eine Reise der Selbstentfaltung und Selbstbestimmung", sagt er. "Du bist der Herr deines eigenen Weges und du allein bestimmst die Richtung. Du hast die Macht, deinen eigenen Weg zu wählen, deine eigenen Entscheidungen zu treffen und dein eigenes Schicksal zu gestalten."

Er hält inne und schaut dich prüfend an. "Bist du bereit, diese Verantwortung zu tragen? Bist du bereit, deinen eigenen Weg zu wählen und deine eigene Reise zu beginnen?"

Er gibt dir die Zügel zurück und schaut dich erwartungsvoll an. In diesem Moment spürst du ein Kribbeln in deinen Fingern und eine Aufregung in deinem Bauch. Du blickst auf die offene Straße vor dir und siehst sie nicht mehr nur als Straße, sondern als Symbol deiner persönlichen Reise und Entwicklung.

Du nimmst die Zügel wieder in die Hand, mit neuer Entschlossenheit und neuem Mut. Du spürst eine Welle der Begeisterung, als du den Wagen wieder in Bewegung setzt und in die Dämmerung fährst. Du bist dir deiner Fähigkeiten bewusst und vertraust auf deinen Willen und deinen Mut.

Du weißt, dass der Weg vor dir Herausforderungen und Schwierigkeiten bereithält, aber du bist bereit, sie anzunehmen und an ihnen zu wachsen.

Der Fahrer neben dir lächelt zufrieden und klopft dir auf die Schulter. "Gut gemacht", sagt er. "Du hast den Geist des Wagens verstanden. Du bist bereit, deine Reise mit Entschlossenheit, Mut und Vertrauen in deine Fähigkeiten fortzusetzen. Vergiss nie, dass du deinen eigenen Weg bestimmst und dass du die Fähigkeit hast, deine Ziele zu erreichen und deine Träume zu verwirklichen."

Mit diesen Worten entlässt er dich und du gehst durch das Tor zurück in den Wald. Aber die Lektionen, die du gelernt hast, die Erfahrungen, die du gemacht hast, bleiben bei dir. Sie haben dir gezeigt, dass du die Kraft hast, deinen eigenen Weg zu gehen und deine eigenen Ziele zu verfolgen.

Du fühlst dich stärker, selbstbewusster und entschlossener, deine Reise fortzusetzen und dein volles Potenzial zu entfalten. Du hast die Bedeutung des Wagens verstanden und bist bereit, die vor dir liegenden Herausforderungen anzunehmen und zu meistern.

In deiner Welt wäre dieser Wagen dein Auto, dein persönliches Instrument für Aufbruch und Bewegung.

******

Du schlenderst noch ein wenig durch den Wald und genießt die friedliche Atmosphäre, als du auf einmal eine Kartenlegerin am Wegesrand entdeckst.

Sie sitzt an einem kleinen Tisch, auf dem ein Deck Tarotkarten ausgebreitet ist. Dir fällt auf, dass die Tarotkarte "Der Wagen" direkt vor ihr liegt.

Die Kartenlegerin schaut auf und bemerkt dein Interesse. Sie gibt dir ein Zeichen und lächelt dich freundlich an.

Du gehst auf sie zu und sie beginnt, dir die Deutung der Karte "Der Wagen" noch einmal zu erklären, damit du sie dir besser einprägen und bei zukünftigen Legungen wieder abrufen kannst.

Die Kartenlegerin geht auf die verschiedenen Deutungen der Karte ein:

- **Willenskraft und Entschlossenheit:** Die Karte symbolisiert die Fähigkeit, durch Willenskraft und Entschlossenheit voranzukommen und erfolgreich zu sein.

- **Selbstvertrauen und Selbstbeherrschung:** Der Wagen steht auch für die Fähigkeit, mit Selbstvertrauen und Selbstbeherrschung zu handeln und sich auf ein Ziel zu konzentrieren.

- **Konzentration auf das Ziel:** Die Karte erinnert dich daran, dich auf dein Ziel zu konzentrieren und den Mut zu haben, deinen Weg zu gehen, auch wenn er schwierig erscheint.

Nachdem dir die Kartenlegerin diese Deutungen erklärt hat, bedankst du dich bei ihr und gehst weiter durch den Wald.

Du spürst die kraftvollen Energien, die du in der Fantasiereise und im Gespräch mit der Kartenlegerin erfahren hast. Du weißt nun, wie du die Deutungen der Karte nutzen kannst, um dein Leben in eine positive Richtung zu lenken.

******

Und so wird es langsam Zeit, die Reise für heute zu beenden. Da taucht auch schon wieder der Eingang mit den 2 mystischen Steinsäulen und der Treppe auf.

Du gehst durch das Steintor und die Treppe wieder hinunter. Mit jeder Treppenstufe kommst du mehr und mehr im Hier und Jetzt an und bist dir bewusst, dass du die gelernten Deutungen der Karte bei dir trägst, um sie jederzeit abrufen zu können.

Fantasiereise zur Tarotkarte „Kraft"

Um deine Fantasiereise zu beginnen, siehst du dich vor einer majestätischen Steintreppe stehen. Sie führt zu einem imposanten Steintor mit zwei mystischen Steinsäulen an den Seiten, die dir aus verschiedenen Tarotkarten bekannt sind. Dieses Tor stellt den Eingang zu einer magischen und geheimnisvollen Tarot Welt dar, die es zu erforschen gilt.

Mit jedem Schritt auf der Steintreppe lässt du die gewöhnliche Welt hinter dir. Du durchschreitest das Steintor und ein magischer Wald öffnet sich vor dir.

Du wanderst durch diesen magischen Wald und stehst auf einmal an einer Weggabelung. Ein uraltes Holzschild weist den Weg: In die eine Richtung geht es in die große Arkana, in die andere in die kleine Arkana des Tarot.

Die geheimnisvolle Aura der großen Arkana fasziniert dich und du beschließt, diesem Weg zu folgen.

Unterwegs entdeckst du seltsame Pilze, leuchtende, mystische Blumen und schließlich ein magisches Tor, das fest verschlossen ist. Es ist kunstvoll verziert und ein Griff lädt dich ein, es zu öffnen.

An der Seite des Tores findest du ein kleines Feld, in das du eine Zahl eintragen kannst. Du gibst die Zahl 8 ein, die für die Tarotkarte "Kraft" steht, und wie von Zauberhand erscheint das Bildmotiv dieser Karte auf dem Tor.

Du trittst durch das Tor und findest dich in einer üppigen, lebendigen Landschaft wieder, ein Bild von Harmonie und Ausgeglichenheit. Die Luft ist rein und von einem tiefen Gefühl des Friedens erfüllt. Vor dir siehst du einen majestätischen Löwen, mächtig und furchteinflößend, aber gleichzeitig strahlt er eine tiefe Ruhe und Würde aus.

Du kommst näher und der Löwe hebt seinen Kopf, um dich anzusehen. Seine Augen strahlen innere Stärke und Selbstvertrauen aus.

In diesem Moment bist du dir sicher, dass du nicht vor ihm weglaufen wirst. Stattdessen spürst du eine tiefe Verbindung zu ihm, ein Gefühl von Respekt und gegenseitigem Verständnis.

"Du bist hier, um die wahre Bedeutung von Stärke zu lernen", sagt der Löwe mit tiefer, beruhigender Stimme. "Wahre Stärke kommt nicht von physischer Kraft, sie kommt von innen. Sie kommt von Mut, Tapferkeit und Selbstbeherrschung. Sie kommt aus der Fähigkeit, Geduld und Einfühlungsvermögen zu zeigen, auch wenn man mit Herausforderungen und Schwierigkeiten konfrontiert ist."

Während du dem Löwen zuhörst, merkst du, wie dich seine Worte tief berühren. Du spürst, wie in dir eine innere Stärke wächst, ein Gefühl des Selbstvertrauens und der Fähigkeit, jede Herausforderung zu meistern.

"Jetzt bist du bereit, deine Stärke zu erproben", sagt der Löwe. "Du musst eine Aufgabe erfüllen. Du musst einen großen Stein bewegen, der dort liegt. Das ist keine leichte Aufgabe, aber ich glaube, du schaffst das."

Du schaust auf den Felsen und spürst eine Welle des Zweifels aufsteigen. Aber dann erinnerst du dich an die Worte des Löwen und an das Gefühl von Stärke und Selbstvertrauen, das in dir gewachsen ist. Du nimmst all deinen Mut zusammen und gehst auf den Felsen zu.

Mit einem tiefen Atemzug streckst du deine Hände aus und drückst sie gegen den massiven Stein. Du versuchst, den Stein zu bewegen, aber er bewegt sich nicht. Du spürst eine Welle der Frustration, aber dann erinnerst du dich an die Worte des Löwen über Geduld und Einfühlungsvermögen. Du holst noch einmal tief Luft, zentrierst dich und versuchst es erneut.

Diesmal, mit all deiner inneren Kraft und deinem Willen, spürst du, wie sich der Fels langsam bewegt.

Du kannst es kaum glauben, aber du hast es geschafft. Du hast den Stein mit deiner inneren Kraft und deinem Willen bewegt.

Mit einem Lächeln auf deinem Gesicht wendest du dich dem Löwen zu. Er nickt dir zu und in seinen Augen steht ein Ausdruck von Respekt und Anerkennung.

"Das war erst der Anfang", sagt der Löwe leise. "Du hast gezeigt, dass du innere Stärke und Selbstbeherrschung besitzt. Aber Stärke zeigt sich auch darin, wie wir mit anderen umgehen."

Du blickst dich um und bemerkst ein kleines, zartes Lamm ganz in deiner Nähe. Es schaut dich ängstlich an, zittert leicht und du spürst intuitiv, dass es Angst hat.

"Geh zu ihm", sagt der Löwe. "Zeige ihm, dass Stärke auch Mitgefühl, Geduld und Liebe bedeutet."

Du gehst vorsichtig auf das Lamm zu, deine Bewegungen sind langsam und beruhigend. Du gehst in die Hocke, streckst deine Hand mit der Handfläche nach oben aus und wartest geduldig. Das Lamm zögert einen Moment, dann kommt es langsam auf dich zu und berührt deine Hand mit seiner weichen Nase. Ein Gefühl von Wärme und Verbundenheit durchströmt dich. Du streichelst sanft sein Fell und es beruhigt sich, das Zittern hört auf und es schmiegt sich an dich.

Nach einer Weile stehst du auf und gehst zurück zum Löwen. Du fühlst dich erfüllt, nicht nur wegen des Felsens, den du bewegt hast, sondern auch wegen der Verbindung, die du zu dem Lamm hergestellt hast. Du erkennst, dass Stärke nicht nur darin besteht, körperliche Aufgaben zu bewältigen, sondern auch darin, Mitgefühl und Verständnis für andere zu zeigen.

Der Löwe schaut dich lächelnd an. "Du hast gut gelernt. Du hast gezeigt, dass du nicht nur stark, sondern auch mitfühlend und geduldig bist. Das ist wahre Stärke. Und vergiss nicht, dass auch Leidenschaft dazu gehört.

Sie gibt dir die Energie und den Antrieb, weiterzumachen und deine Ziele zu erreichen."

Du nickst und ein Gefühl der Dankbarkeit erfüllt dich. Du hast heute viel gelernt, über dich selbst und über die Bedeutung von Stärke. Du fühlst dich bereit, diese Lektionen in dein Leben zu integrieren und auf deine eigenen Herausforderungen anzuwenden.

Mit diesem Gefühl der Erkenntnis und des Selbstvertrauens gehst du durch das Tor zurück in den Wald.

Du weißt, dass du bereit bist, jede Herausforderung anzunehmen, die das Leben für dich bereithält. Du bist stark, mitfühlend und leidenschaftlich. Du bist bereit, deinen Weg zu gehen.

******

Du schlenderst noch ein wenig durch den Wald und genießt die friedliche Atmosphäre, als du auf einmal eine Kartenlegerin am Wegesrand entdeckst.

Sie sitzt an einem kleinen Tisch, auf dem ein Deck Tarotkarten ausgebreitet ist. Dir fällt auf, dass die Tarotkarte "Kraft" direkt vor ihr liegt.

Die Kartenlegerin schaut auf und bemerkt dein Interesse. Sie gibt dir ein Zeichen und lächelt dich freundlich an. Du gehst auf sie zu und sie beginnt, dir die Deutung der Karte "Kraft" noch einmal zu erklären, damit du sie dir besser einprägen und bei zukünftigen Legungen wieder abrufen kannst.

Die Kartenlegerin geht auf die verschiedenen Deutungen der Karte ein:

- **Innere Stärke und Mut:** Die Karte Kraft symbolisiert innere Stärke und die Fähigkeit, Herausforderungen mit Mut und Geduld zu meistern.

- **Harmonie und Ausgeglichenheit:** Kraft steht auch für Harmonie und Ausgeglichenheit, die durch Selbstbeherrschung und Willensstärke erreicht werden können.

- **Fokus auf innere Stärke und Selbstvertrauen:** Die Karte erinnert dich daran, dich auf deine innere Stärke und dein Selbstvertrauen zu konzentrieren, um schwierige Situationen zu meistern und persönliches Wachstum zu fördern.

Nachdem dir die Kartenlegerin diese Deutungen erklärt hat, bedankst du dich bei ihr und gehst weiter durch den Wald.

Du spürst die kraftvollen Energien, die du in der Fantasiereise und im Gespräch mit der Kartenlegerin erfahren hast. Du weißt nun, wie du die Deutungen der Karte nutzen kannst, um dein Leben in eine positive Richtung zu lenken.

******

Und so wird es langsam Zeit, die Reise für heute zu beenden. Da taucht auch schon wieder der Eingang mit den 2 mystischen Steinsäulen und der Treppe auf.

Du gehst durch das Steintor und die Treppe wieder hinunter. Mit jeder Treppenstufe kommst du mehr und mehr im Hier und Jetzt an und bist dir bewusst, dass du die gelernten Deutungen der Karte bei dir trägst, um sie jederzeit abrufen zu können.

Fantasiereise zur Tarotkarte „Der Eremit"

Um deine Fantasiereise zu beginnen, siehst du dich vor einer majestätischen Steintreppe stehen. Sie führt zu einem imposanten Steintor mit zwei mystischen Steinsäulen an den Seiten, die dir aus verschiedenen Tarotkarten bekannt sind. Dieses Tor stellt den Eingang zu einer magischen und geheimnisvollen Tarot Welt dar, die es zu erforschen gilt.

Mit jedem Schritt auf der Steintreppe lässt du die gewöhnliche Welt hinter dir. Du durchschreitest das Steintor und ein magischer Wald öffnet sich vor dir.

Du wanderst durch diesen magischen Wald und stehst auf einmal an einer Weggabelung. Ein uraltes Holzschild weist den Weg: In die eine Richtung geht es in die große Arkana, in die andere in die kleine Arkana des Tarot.

Die geheimnisvolle Aura der großen Arkana fasziniert dich und du beschließt, diesem Weg zu folgen.

Unterwegs entdeckst du seltsame Pilze, leuchtende, mystische Blumen und schließlich ein magisches Tor, das fest verschlossen ist. Es ist kunstvoll verziert und ein Griff lädt dich ein, es zu öffnen.

An der Seite des Tores findest du ein kleines Feld, in das du eine Zahl eintragen kannst. Du gibst die Zahl 9 ein, die für die Tarotkarte "Der Eremit" steht, und wie von Zauberhand erscheint das Bildmotiv dieser Karte auf dem Tor.

Als du durch das Tor trittst, spürst du sofort die Veränderung der Atmosphäre. Die hektische Welt, die du hinter dir lässt, wird durch die erfrischende Kühle und Stille eines uralten Waldes ersetzt. Eine sanfte Brise empfängt dich, flüstert durch die Blätter und streichelt deine Haut.

Du stehst auf einem schmalen, gewundenen Pfad, der sich durch das tiefe Grün des Waldes schlängelt.

Alt und majestätisch ragen die Bäume in den Himmel und scheinen Geschichten aus längst vergangenen Zeiten zu erzählen. Die Sträucher und Pflanzen, die den Weg säumen, wirken wie stumme Zeugen, die geduldig auf den richtigen Moment warten, um ihre Geheimnisse preiszugeben.

Du fühlst dich seltsam beruhigt, fast so, als würdest du Teil dieses magischen Ortes werden, als ob dieser Wald und du in einer seltsamen Harmonie miteinander verschmelzen würden.

Plötzlich siehst du ihn auf einem hohen Felsvorsprung - einen alten Mann. Seine Gestalt ist schlicht, fast bescheiden, und doch strahlt er eine tiefe Ruhe und Weisheit aus, die weit über sein Äußeres hinausgeht. In der Hand hält er eine Laterne, von der ein sanftes Licht ausgeht, das die Dunkelheit um ihn herum durchdringt. Dieser Mann ist der Eremit, der Hüter des inneren Lichts und der inneren Weisheit, der die Geheimnisse des Lebens kennt.

Seine Stimme, so sanft und ruhig wie der Windhauch, der durch den Wald streicht, dringt an dein Ohr: "Komm zu mir". Du folgst seiner Einladung und beginnst den Aufstieg. Der Weg zum Eremiten ist steil und beschwerlich, aber du bist entschlossen. Als du neben ihm sitzt, öffnet er die Augen und sieht dich an. Seine Augen sind tief und durchdringend, sie scheinen durch dich hindurch zu sehen, bis tief in dein Inneres.

Er spricht zu dir: "Um in dieser Welt vorwärts zu kommen, musst du deinen eigenen Weg gehen, nicht den der anderen. Du musst auf deine innere Stimme hören, sie ist dein wahrer Wegweiser." Seine Worte liegen in der Luft, sie dringen tief in dich ein und hinterlassen ein Echo in deinem Inneren.

Geführt von seiner Weisheit schließt du die Augen und richtest deine Aufmerksamkeit nach innen. Du bist allein mit deinen Gedanken, Gefühlen und Ängsten. Du erkennst die Lasten, die du mit dir trägst, die Fragen, die dir durch den Kopf gehen, die Träume, die dein Herz erfüllen.

Aber anstatt dich von ihnen überwältigen zu lassen, lässt du sie wie Wolken am Himmel vorüberziehen und konzentrierst dich auf die Stille, die zwischen ihnen herrscht.

Mit jedem Atemzug tauchst du tiefer in diese innere Stille ein. Du erkennst, dass sie nicht leer ist, sondern voller verborgener Schätze - dein wahres Selbst, das darauf wartet, entdeckt zu werden. Du fühlst dich wie auf einer einsamen Expedition durch die unerforschten Tiefen deines Bewusstseins, geleitet nur vom rhythmischen Auf und Ab deines Atems.

Die Zeit verliert ihre Bedeutung, während du immer tiefer in dich eindringst. Dein Geist scheint sich auszudehnen, Raum zu schaffen für neue Erkenntnisse und Klarheit.

Inmitten der Stille werden dir Dinge bewusst, die du bisher übersehen hast, und du gewinnst ein neues Verständnis von dir selbst und deinem Platz in der Welt. Es ist eine innere Reise, eine Reise der Selbstfindung, die Geduld und Entschlossenheit erfordert. Aber die Ruhe, die du dabei findest, belohnt deine Mühen.

Schließlich öffnest du die Augen. Du schaust den Eremiten an und siehst in seinen Augen ein Leuchten der Anerkennung. Er nickt dir zu und sagt: "Ja, du hast den Weg zu dir selbst gefunden. Behalte diese innere Stille und Klarheit in dir, denn sie wird dein Leitstern auf dem Weg durchs Leben sein."

Mit diesen Worten und dem neu gewonnenen Gefühl der inneren Ruhe und Klarheit machst du dich auf den Rückweg. Du steigst vom Felsvorsprung herab und trittst wieder auf den gewundenen Pfad, der dich zurück zum Tor führt. Doch obwohl du in deine Welt zurückkehrst, weißt du, dass du nicht mehr derselbe Mensch bist. Du trägst jetzt eine neue Weisheit in dir, eine tiefe Verbindung zu deinem inneren Selbst, die dir hilft, deinen eigenen Weg zu gehen.

Die Erfahrung mit dem Eremiten hat dir gezeigt, dass du immer auf deine innere Stimme hören kannst, dass du immer die Möglichkeit hast, in dich zu gehen und Antworten auf deine Fragen zu finden.

Mit diesem Bewusstsein und der Klarheit, die du durch die innere Stille gewonnen hast, gehst du selbstbewusst durch das Tor und trittst in einen neuen Lebensabschnitt ein, bereit, deinen eigenen Weg zu gehen und dich von deinem inneren Leitstern führen zu lassen.

******

Du schlenderst noch ein wenig durch den Wald und genießt die friedliche Atmosphäre, als du auf einmal eine Kartenlegerin am Wegesrand entdeckst.

Sie sitzt an einem kleinen Tisch, auf dem ein Deck Tarotkarten ausgebreitet ist. Dir fällt auf, dass die Tarotkarte "Der Eremit" direkt vor ihr liegt.

Die Kartenlegerin schaut auf und bemerkt dein Interesse. Sie gibt dir ein Zeichen und lächelt dich freundlich an. Du gehst auf sie zu und sie beginnt, dir die Deutung der Karte "Der Eremit" noch einmal zu erklären, damit du sie dir besser einprägen und bei zukünftigen Legungen wieder abrufen kannst.

Die Kartenlegerin geht auf die verschiedenen Deutungen der Karte ein:

- **Suche nach Wahrheit:** Die Karte Eremit symbolisiert die Suche nach Wahrheit durch Einsicht und Reflexion.

- **Geduld und Besonnenheit:** Der Eremit steht auch für Geduld und Besonnenheit, die notwendig sind, um das innere Wissen zu entdecken und sich selbst zu verwirklichen.

- **Konzentration auf die innere Weisheit und den eigenen Weg:** Die Karte erinnert daran, sich auf die innere Weisheit zu konzentrieren und den eigenen Weg zu finden, anstatt blind den Pfaden anderer zu folgen.

Nachdem dir die Kartenlegerin diese Deutungen erklärt hat, bedankst du dich bei ihr und gehst weiter durch den Wald.

Du spürst die kraftvollen Energien, die du in der Fantasiereise und im Gespräch mit der Kartenlegerin erfahren hast. Du weißt nun, wie du die Deutungen der Karte nutzen kannst, um dein Leben in eine positive Richtung zu lenken.

******

Und so wird es langsam Zeit, die Reise für heute zu beenden. Da taucht auch schon wieder der Eingang mit den 2 mystischen Steinsäulen und der Treppe auf.

Du gehst durch das Steintor und die Treppe wieder hinunter. Mit jeder Treppenstufe kommst du mehr und mehr im Hier und Jetzt an und bist dir bewusst, dass du die gelernten Deutungen der Karte bei dir trägst, um sie jederzeit abrufen zu können.

Fantasiereise zur Tarotkarte „Das Rad des Schicksals"

Um deine Fantasiereise zu beginnen, siehst du dich vor einer majestätischen Steintreppe stehen. Sie führt zu einem imposanten Steintor mit zwei mystischen Steinsäulen an den Seiten, die dir aus verschiedenen Tarotkarten bekannt sind. Dieses Tor stellt den Eingang zu einer magischen und geheimnisvollen Tarot Welt dar, die es zu erforschen gilt.

Mit jedem Schritt auf der Steintreppe lässt du die gewöhnliche Welt hinter dir. Du durchschreitest das Steintor und ein magischer Wald öffnet sich vor dir.

Du wanderst durch diesen magischen Wald und stehst auf einmal an einer Weggabelung. Ein uraltes Holzschild weist den Weg: In die eine Richtung geht es in die große Arkana, in die andere in die kleine Arkana des Tarot.

Die geheimnisvolle Aura der großen Arkana fasziniert dich und du beschließt, diesem Weg zu folgen.

Unterwegs entdeckst du seltsame Pilze, leuchtende, mystische Blumen und schließlich ein magisches Tor, das fest verschlossen ist. Es ist kunstvoll verziert und ein Griff lädt dich ein, es zu öffnen.

An der Seite des Tores findest du ein kleines Feld, in das du eine Zahl eintragen kannst. Du gibst die Zahl 10 ein, die für die Tarotkarte "Das Rad des Schicksals" steht, und wie von Zauberhand erscheint das Bildmotiv dieser Karte auf dem Tor.

Sobald du das Tor durchschritten hast, betrittst du eine Landschaft, die vor deinen Augen ständig ihr Aussehen verändert. Du befindest dich in einem ununterbrochenen Fluss der Zeit, in dem die Jahreszeiten mit übernatürlicher Geschwindigkeit wechseln. Zuerst spürst du die Frische des Frühlings, siehst zarte grüne Knospen, die sich zu voller Blüte entfalten, gefolgt von einem Meer aus bunten Blütenblättern, die sich sanft im lauen Frühlingswind wiegen.

Kaum hat der Frühling seinen Höhepunkt erreicht, nimmt die Landschaft schon die leuchtenden Farben des Sommers an. Goldene Sonnenstrahlen durchdringen das sattgrüne Laub der Bäume, die Luft ist erfüllt vom Summen unzähliger Insekten und dem süßen Duft reifer Früchte. Man spürt die Wärme der Sommersonne auf der Haut, hört das Lachen der Kinder, die in der Ferne in einem kristallklaren See baden.

Doch schon bald weicht das satte Grün des Sommers den goldenen und roten Farbtupfern des Herbstes. Du beobachtest, wie sich die Blätter langsam verfärben, sich schließlich von den Bäumen lösen und sanft zu Boden schweben. Der Duft von feuchtem Laub und reifen Kürbissen liegt in der Luft und unter den Füßen raschelt das Laub.

Dann fällt der erste Schnee und die Welt um dich herum verwandelt sich in eine kristallklare Winterlandschaft. Die Stille, die sich wie ein weicher Mantel über die Welt legt, wird nur durch das leise Knirschen des Schnees unter deinen Füßen und das Knacken der gefrorenen Zweige im Wind unterbrochen. Du siehst, wie der Schnee die Welt in eine weiße Decke hüllt und spürst die kalte, klare Winterluft in deinen Lungen.

Inmitten dieses ständigen Wandels erblickst du ein riesiges Rad, das sich unaufhörlich dreht - das Rad des Schicksals. Es scheint das Herz dieser sich ständig verändernden Welt zu sein, ein sichtbares Symbol für den ewigen Kreislauf des Lebens und der Zeit. Jedes Mal, wenn sich das Rad dreht, spürt man eine tiefe Resonanz in sich, die den Herzschlag und den Atemrhythmus beeinflusst. Es ist, als wären du und das Rad auf geheimnisvolle Weise miteinander verbunden.

Wenn du dich dem Rad näherst, spürst du seine kraftvolle Energie. Du fühlst, wie es eine Seite der Erkenntnis in dir anschlägt und du die unausweichliche Veränderung, die das Rad symbolisiert, in dir aufnimmst.

Plötzlich werden dir all die Momente in deinem Leben bewusst, in denen du dich gegen Veränderungen gesträubt hast, in denen du dich verkrampft an das Vertraute geklammert hast, an die Sicherheit deiner alten Gewohnheiten und Denkmuster.

Du erkennst, wie sinnlos und letztlich erfolglos dieser Widerstand war. Denn das Rad des Lebens dreht sich unaufhaltsam weiter und Veränderung ist die einzige Konstante.

Mitten in dieser Erkenntnis hörst du eine tiefe, ruhige Stimme. Du drehst dich um und siehst eine alte Frau. Ihr Gesicht ist von vielen Jahren gezeichnet, ihre Augen sind hell und durchdringend. Sie blickt weise und zugleich freundlich auf das sich ständig drehende Rad und sagt: "Der Wandel ist unvermeidlich". Sie macht eine Pause, bevor sie fortfährt: "Aber Veränderung bedeutet nicht das Ende. Es ist nur der Beginn eines neuen Zyklus."

Ihre Worte hängen in der Luft und du beginnst, sie in dir nachklingen zu lassen. Du wendest dich wieder dem Rad zu und siehst es mit neuen Augen. Du siehst nicht nur die unaufhaltsame Veränderung, sondern auch die unendlichen Möglichkeiten, die sie in sich birgt. Du siehst, wie jeder Abschied einen Neuanfang in sich trägt, wie jeder Verlust eine Chance zu Wachstum und Veränderung bietet. Du begreifst, dass das Rad des Schicksals nicht nur ein Symbol des ständigen Wandels ist, sondern auch ein Symbol der Hoffnung, der Wiedergeburt und der Erneuerung.

Mit dieser neuen Erkenntnis kehrst du zum Tor zurück. Während du hindurch schreitest, zurück in den Wald, trägst du das Wissen und die Weisheit des Schicksalsrades in dir. Du erkennst, dass Veränderung nicht nur unvermeidlich ist, sondern auch eine Quelle der Kraft und des Wachstums.

Du fühlst dich bereit, die Veränderungen in deinem Leben willkommen zu heißen, sie als Teil deines eigenen Lebenszyklus anzuerkennen. Du bist bereit, die Lektionen, die sie dir bringen, zu lernen und an ihnen zu wachsen.

Mit jedem Schritt, den du machst, trägst du die Erkenntnis in dir, dass du, wie das Rad des Schicksals, in ständiger Veränderung begriffen bist und dass diese Veränderung dich zu dem Menschen macht, der du wirklich bist.

******

Du schlenderst noch ein wenig durch den Wald und genießt die friedliche Atmosphäre, als du auf einmal eine Kartenlegerin am Wegesrand entdeckst.

Sie sitzt an einem kleinen Tisch, auf dem ein Deck Tarotkarten ausgebreitet ist. Dir fällt auf, dass die Tarotkarte "Rad des Schicksals" direkt vor ihr liegt.

Die Kartenlegerin schaut auf und bemerkt dein Interesse. Sie gibt dir ein Zeichen und lächelt dich freundlich an. Du gehst auf sie zu und sie beginnt, dir die Deutung der Karte "Rad des Schicksals" noch einmal zu erklären, damit du sie dir besser einprägen und bei zukünftigen Legungen wieder abrufen kannst.

Die Kartenlegerin geht auf die verschiedenen Deutungen der Karte ein:

- **Kreislauf des Lebens und der Natur:** Die Karte Rad des Schicksals symbolisiert den Kreislauf des Lebens und der Natur, der durch Schicksal und Karma beeinflusst wird.

- **Wandel und Veränderung:** Das Schicksalsrad steht auch für Wandel und Veränderung, die in unserem Leben ständig stattfinden.

- **Akzeptanz des Lebenszyklus:** Die Karte erinnert daran, dass Veränderung unvermeidlich ist und das Leben einem Zyklus folgt. Es ist wichtig, die verschiedenen Lebensphasen zu akzeptieren und sich auf Veränderungen einzustellen.

Nachdem dir die Kartenlegerin diese Deutungen erklärt hat, bedankst du dich bei ihr und gehst weiter durch den Wald.

Du spürst die kraftvollen Energien, die du in der Fantasiereise und im Gespräch mit der Kartenlegerin erfahren hast.

Du weißt nun, wie du die Deutungen der Karte nutzen kannst, um dein Leben in eine positive Richtung zu lenken.

******

Und so wird es langsam Zeit, die Reise für heute zu beenden. Da taucht auch schon wieder der Eingang mit den 2 mystischen Steinsäulen und der Treppe auf.

Du gehst durch das Steintor und die Treppe wieder hinunter. Mit jeder Treppenstufe kommst du mehr und mehr im Hier und Jetzt an und bist dir bewusst, dass du die gelernten Deutungen der Karte bei dir trägst, um sie jederzeit abrufen zu können.

Fantasiereise zur Tarotkarte „Gerechtigkeit"

Um deine Fantasiereise zu beginnen, siehst du dich vor einer majestätischen Steintreppe stehen. Sie führt zu einem imposanten Steintor mit zwei mystischen Steinsäulen an den Seiten, die dir aus verschiedenen Tarotkarten bekannt sind. Dieses Tor stellt den Eingang zu einer magischen und geheimnisvollen Tarot Welt dar, die es zu erforschen gilt.

Mit jedem Schritt auf der Steintreppe lässt du die gewöhnliche Welt hinter dir. Du durchschreitest das Steintor und ein magischer Wald öffnet sich vor dir.

Du wanderst durch diesen magischen Wald und stehst auf einmal an einer Weggabelung. Ein uraltes Holzschild weist den Weg: In die eine Richtung geht es in die große Arkana, in die andere in die kleine Arkana des Tarot.

Die geheimnisvolle Aura der großen Arkana fasziniert dich und du beschließt, diesem Weg zu folgen.

Unterwegs entdeckst du seltsame Pilze, leuchtende, mystische Blumen und schließlich ein magisches Tor, das fest verschlossen ist. Es ist kunstvoll verziert und ein Griff lädt dich ein, es zu öffnen.

An der Seite des Tores findest du ein kleines Feld, in das du eine Zahl eintragen kannst. Du gibst die Zahl 11 ein, die für die Tarotkarte "Gerechtigkeit" steht, und wie von Zauberhand erscheint das Bildmotiv dieser Karte auf dem Tor.

Als du durch das Tor trittst, hast du das Gefühl, in eine andere Dimension einzutreten. Du befindest dich in einem großen, imposanten Gerichtssaal, dessen Größe und Schönheit dir den Atem raubt. Der Boden aus reinem Marmor glänzt im sanften Licht und fühlt sich kühl und hart unter deinen nackten Füßen an.

Der Gerichtssaal scheint sich ins Unendliche auszudehnen, und das Flüstern der Stille erfüllt den Raum mit einer überwältigenden Würde. Hohe, kunstvoll verzierte Fenster, die das gesamte Farbenspektrum des Himmels einfangen, lassen ein weiches, diffuses Licht herein, das den Saal in einen warmen, hellen Schein taucht. In der Mitte, auf einem goldenen Thron, erhöht und mächtig, sitzt eine Person, majestätisch und erhaben.

Diese Gestalt strahlt eine erhabene Strenge aus, gemischt mit einer unbeschreiblichen Güte. In der rechten Hand hält sie ein scharfes, glänzendes Schwert, dessen Klinge im Licht funkelt. Es ist ein kraftvolles Symbol für Wahrheit, Unbestechlichkeit und Klarheit.

In der linken Hand hält sie eine perfekt ausbalancierte Waage, deren Schalen sich im Gleichgewicht befinden. Sie ist das Symbol der Gerechtigkeit, des Ausgleichs und des Gleichgewichts. Sie ist die Personifikation der Gerechtigkeit.

Mit einem Gefühl der Ehrfurcht und des Respekts nimmst du all deinen Mut zusammen und trittst näher. Die Person auf dem Thron blickt auf und sieht dich ruhig und direkt an. Du spürst die unerschütterliche Klarheit und Wahrheit, die von dieser Gestalt ausgeht, eine Kraft, die alles durchdringt und dich im Innersten berührt.

Du findest den Mut, deine brennende Frage zu stellen: "Wie kann ich in meinen Entscheidungen und Handlungen gerechter und verantwortlicher werden?"

Die Gestalt auf dem Thron antwortet dir mit einem Lächeln, das warm und ernst zugleich ist. Mit einer Stimme, die die Stille des Gerichtssaals durchdringt, antwortet sie: "Gerechtigkeit bedeutet, in jeder Situation das Gleichgewicht zu suchen. Man muss lernen, sorgfältig und klug abzuwägen, gerecht und vorurteilsfrei zu urteilen. Deine Entscheidungen sollten auf Fakten, Ehrlichkeit und Integrität beruhen. Jede deiner Handlungen hat Konsequenzen, und du musst bereit sein, die volle Verantwortung dafür zu übernehmen. Das ist der Weg der Gerechtigkeit.

Mit großer Geduld erzählt die Gestalt eine Geschichte, eine Metapher des Alltags. Es ist die Geschichte eines Streits zwischen zwei Freunden, eines Missverständnisses, das ihre Freundschaft auf eine harte Probe stellt.

In dieser Geschichte bist du der Unparteiische, der Richter. Deine Aufgabe ist es, neutral zu bleiben und die Situation objektiv und unvoreingenommen zu beurteilen.

Die Geschichte ist komplex und auf den ersten Blick scheint der Streit zwischen den beiden Freunden unlösbar. Doch während die Person erzählt, spürst du, dass du in der Lage bist, die Standpunkte beider Parteien zu hören und zu verstehen, dich in ihre Emotionen, Sorgen und Ängste hineinzuversetzen.

Du erkennst, wie wichtig es ist, jede Perspektive zu würdigen, jede Stimme zu hören. Du versuchst, allen gerecht zu werden, nicht Partei zu ergreifen, nicht vom Weg der Objektivität abzuweichen. Du nutzt dein neu erworbenes Wissen und deine tiefe Einsicht, um eine Lösung zu finden, die den Streit beendet, die Beziehung zwischen den Freunden heilt und ihre Bindung sogar noch stärkt.

Nachdem du die Geschichte und ihre Lehren verinnerlicht hast, spürst du eine tiefgreifende Veränderung in dir. Du wirst dir der Bedeutung und des Gewichts von Gerechtigkeit und Verantwortung in deinen Entscheidungen und Handlungen bewusster. Du fühlst dich gestärkt und bereit, dieses neue Wissen und Verständnis in deinem täglichen Leben anzuwenden.

Schließlich neigt sich dein Besuch dem Ende zu. Die majestätische Gestalt auf dem Thron hebt ihr Haupt und nickt dir dankbar zu. Sie hat deine Lernbereitschaft erkannt und ehrt sie.

Mit einem Gefühl der Dankbarkeit und neu gewonnener Weisheit machst du dich auf den Weg zurück zum Tor. Du trägst nun ein neues Verständnis, eine neue Fähigkeit in dir, bereit, sie auf die Herausforderungen und Prüfungen deines eigenen Lebens anzuwenden.

Mit festen, entschlossenen Schritten durchschreitest du das Tor und lässt den majestätischen Gerichtssaal hinter dir. Du findest dich wieder im mystischen Wald, dein Herz erfüllt von tiefer Erkenntnis. Du weißt, dass deine Reise in den Gerichtssaal eine tiefgreifende Wirkung auf dich hatte. Du bist bereit, in deinen Handlungen und Entscheidungen gerechter und verantwortungsvoller zu sein, gestärkt durch die Weisheit, die du von der Personifizierung der Gerechtigkeit empfangen hast.

******

Du schlenderst noch ein wenig durch den Wald und genießt die friedliche Atmosphäre, als du auf einmal eine Kartenlegerin am Wegesrand entdeckst.

Sie sitzt an einem kleinen Tisch, auf dem ein Deck Tarotkarten ausgebreitet ist. Dir fällt auf, dass die Tarotkarte "Gerechtigkeit" direkt vor ihr liegt.

Die Kartenlegerin schaut auf und bemerkt dein Interesse. Sie gibt dir ein Zeichen und lächelt dich freundlich an. Du gehst auf sie zu und sie beginnt, dir die Deutung der Karte "Gerechtigkeit" noch einmal zu erklären, damit du sie dir besser einprägen und bei zukünftigen Legungen wieder abrufen kannst.

Die Kartenlegerin geht auf die verschiedenen Deutungen der Karte ein:

- **Gerechtigkeit und Ausgewogenheit:** Die Gerechtigkeitskarte symbolisiert Gerechtigkeit und Gleichgewicht, die durch Wahrheit und Objektivität erreicht werden können.

- **Klug abwägen und entscheiden:** Gerechte Entscheidungen treffen.

- **Verantwortung übernehmen:** Die Karte fordert dich auf, Verantwortung für deine Entscheidungen zu übernehmen und die Konsequenzen deines Handelns zu akzeptieren.

Nachdem dir die Kartenlegerin diese Deutungen erklärt hat, bedankst du dich bei ihr und gehst weiter durch den Wald.

Du spürst die kraftvollen Energien, die du in der Fantasiereise und im Gespräch mit der Kartenlegerin erfahren hast. Du weißt nun, wie du die Deutungen der Karte nutzen kannst, um dein Leben in eine positive Richtung zu lenken.

******

Und so wird es langsam Zeit, die Reise für heute zu beenden. Da taucht auch schon wieder der Eingang mit den 2 mystischen Steinsäulen und der Treppe auf.

Du gehst durch das Steintor und die Treppe wieder hinunter. Mit jeder Treppenstufe kommst du mehr und mehr im Hier und Jetzt an und bist dir bewusst, dass du die gelernten Deutungen der Karte bei dir trägst, um sie jederzeit abrufen zu können.

Fantasiereise zur Tarotkarte „Der Gehängte"

Um deine Fantasiereise zu beginnen, siehst du dich vor einer majestätischen Steintreppe stehen. Sie führt zu einem imposanten Steintor mit zwei mystischen Steinsäulen an den Seiten, die dir aus verschiedenen Tarotkarten bekannt sind. Dieses Tor stellt den Eingang zu einer magischen und geheimnisvollen Tarot Welt dar, die es zu erforschen gilt.

Mit jedem Schritt auf der Steintreppe lässt du die gewöhnliche Welt hinter dir. Du durchschreitest das Steintor und ein magischer Wald öffnet sich vor dir.

Du wanderst durch diesen magischen Wald und stehst auf einmal an einer Weggabelung. Ein uraltes Holzschild weist den Weg: In die eine Richtung geht es in die große Arkana, in die andere in die kleine Arkana des Tarot.

Die geheimnisvolle Aura der großen Arkana fasziniert dich und du beschließt, diesem Weg zu folgen.

Unterwegs entdeckst du seltsame Pilze, leuchtende, mystische Blumen und schließlich ein magisches Tor, das fest verschlossen ist. Es ist kunstvoll verziert und ein Griff lädt dich ein, es zu öffnen.

An der Seite des Tores findest du ein kleines Feld, in das du eine Zahl eintragen kannst. Du gibst die Zahl 12 ein, die für die Tarotkarte "Der Gehängte" steht, und wie von Zauberhand erscheint das Bildmotiv dieser Karte auf dem Tor.

Du gehst durch das Tor und betrittst eine üppig grüne Landschaft, in der es ungewöhnlich still ist. Es ist eine stille, sanfte Welt, deren Herzschlag in einem sanften Rhythmus schlägt, der dich einlädt, deinen eigenen Herzschlag daran anzupassen. Diese stille Harmonie ist überwältigend und bringt eine ungewohnte Ruhe in den Geist.

Inmitten dieser grünen Stille siehst du eine Gestalt, die deine ganze Aufmerksamkeit auf sich zieht.

Ein Mann hängt kopfüber am T-förmigen Balken eines Baumes, die Arme entspannt an den Seiten, das Gesicht geprägt von einem Ausdruck tiefen Friedens und tiefer Zufriedenheit. Diese Figur ist ein erstaunlicher Anblick, seine Präsenz hat eine Qualität, die man nur als erhaben beschreiben kann. Seine Haltung, seine Ruhe, seine Hinnahme des Augenblicks, das ist die Welt des Gehängten.

Um ihn herum scheint die Welt innezuhalten, als hielte sie den Atem an, um diesen Augenblick absoluter Ruhe und Gelassenheit zu ehren. Die Vögel schweigen in den Bäumen, die Blätter hängen bewegungslos an den Ästen, und selbst der Wind scheint seine Hektik vergessen zu haben. Es ist ein Ort vollkommener Ruhe und Stille.

Du näherst dich dem seltsamen Mann und je näher du kommst, desto mehr bemerkst du, dass sein Kopf von einem sanften Licht umgeben ist. Es ist ein Heiligenschein, ein leuchtendes Zeichen der Erleuchtung und der neuen Einsichten, die sich aus seiner ungewöhnlichen Position ergeben. Es ist fast hypnotisierend, und während du auf ihn zugehst, spürst du, wie die Stille und der Frieden, die er ausstrahlt, auf dich übergehen.

Mit einer Mischung aus Neugier und Respekt näherst du dich ihm und siehst das Lächeln auf seinem Gesicht. Trotz seiner seltsamen Position und der Tatsache, dass seine Welt buchstäblich auf dem Kopf steht, scheint er vollkommen zufrieden zu sein. Man kann sich der Frage nicht erwehren, die einem durch den Kopf geht: "Wie schaffst du es, so ruhig und gelassen zu sein, obwohl deine Welt auf dem Kopf zu stehen scheint?"

"Ich habe gelernt, loszulassen", antwortet er mit einer Stimme, die so ruhig ist, dass sie fast vom Winde verweht wird. "Manchmal muss man die Dinge aus einer anderen Perspektive betrachten, um sie wirklich zu verstehen. Und das bedeutet oft, dass man bereit sein muss, sich selbst aufzugeben und die Kontrolle abzugeben.

Es geht nicht um körperliche Stärke oder Durchsetzungsvermögen, sondern um die Stärke des Geistes, um die Fähigkeit, geduldig zu sein und zu akzeptieren.

Seine Worte treffen dich wie ein Pfeil ins Herz, bringen deine Gedanken zum Stillstand und öffnen deinen Geist für neue Möglichkeiten. Ehe du dich versiehst, hast du den Platz mit dem Gehängten getauscht. Du hängst kopfüber an dem T-förmigen Balken und die Welt um dich herum steht Kopf. Aber anstatt von Panik oder Unbehagen überwältigt zu werden, spürst du eine seltsame Ruhe, die dich umgibt.

Die Stille, die dich umgibt, ist fast körperlich spürbar, wie ein dichtes, schweres Tuch, das dich von der Welt abschirmt. Du spürst das sanfte Schaukeln des Baumes, an dem du hängst, die frische, grüne Luft, die deine Haut kühlt und streichelt, und die behagliche Ruhe, die dich umgibt. Trotz deiner auf den Kopf gestellten Perspektive fühlst du dich seltsam friedlich, als hättest du soeben einen neuen, dir bisher verborgenen Daseinszustand entdeckt.

Du nimmst die Stille in dich auf und lässt sie in dich eindringen, deine Gedanken klären und deine Sorgen lindern. Die Probleme und Ängste, die dich in deinem Alltag verfolgen, erscheinen plötzlich weit weg, als wären sie auf die andere Seite einer unüberwindbaren Schlucht verbannt worden. Du erlebst ein Gefühl von Freiheit, wie du es noch nie zuvor erlebt hast.

Mit dieser neuen Perspektive siehst du eine Situation in deinem eigenen Leben, in der du dich festgefahren fühlst, eine Sackgasse, aus der es keinen Ausweg zu geben scheint. Mit deiner neuen Perspektive siehst du diese Situation aus einem anderen Blickwinkel.

Du erkennst Dinge, die dir vorher verborgen waren, du siehst Möglichkeiten, an die du vorher nicht gedacht hast. Du erkennst, dass der Stillstand, den du so sehr gefürchtet hast, in Wirklichkeit eine Chance ist, die Welt aus einer neuen Perspektive zu sehen und deine alten Denkmuster aufzugeben.

Diese Erkenntnis ist tiefgreifend. Du begreifst, dass es Zeiten gibt, in denen es notwendig ist, innezuhalten, die Welt aus einer neuen Perspektive zu betrachten und alte Vorstellungen loszulassen.

Du verstehst, dass es nicht immer darum geht, zu kämpfen oder zu kontrollieren, sondern manchmal einfach darum, geduldig zu sein, zu akzeptieren und loszulassen. Das ist eine wertvolle Lektion, die du mit nach Hause nehmen kannst.

Mit diesem neuen Wissen und dieser tiefen Erfahrung im Herzen machst du dich auf den Weg zurück zum Tor. Du spürst, wie diese neue Weisheit in dir wächst, wie sie dich erfüllt und deinen Blick auf die Welt und dein eigenes Leben verändert.

Du bist bereit, diese neuen Erkenntnisse in dein tägliches Leben zu integrieren, bereit, diese Ruhe und dieses Verständnis mit in die Welt außerhalb des Tores zu nehmen.

Schließlich gehst du wieder durch das Tor, zurück in die vertraute Umgebung des magischen Waldes. Du trägst nun eine neue Perspektive in dir, eine neue Wahrnehmung der Welt und deines Platzes darin.

Du bewegst dich durch den Wald, deine Füße stehen fest auf dem Boden, aber dein Geist fliegt hoch, erfüllt von den Einsichten und der Weisheit, die du in der Welt des Gehängten gewonnen hast.

Jeder Schritt, den du machst, ist bewusster, jede Bewegung voller Absicht. Du fühlst dich erfüllt, gestärkt und bereit, den Herausforderungen des Lebens mit neuer Entschlossenheit und Gelassenheit zu begegnen.

Die Welt des Gehängten hat dich eine wichtige Lektion gelehrt: Manchmal muss man bereit sein, seine Sichtweise auf den Kopf zu stellen, loszulassen und das Leben aus einer neuen Perspektive zu betrachten.

Manchmal muss man innehalten, sich sammeln und die Kontrolle abgeben, um die Dinge klarer zu sehen. Das ist eine Lektion, die man nie vergisst.

******

Du schlenderst noch ein wenig durch den Wald und genießt die friedliche Atmosphäre, als du auf einmal eine Kartenlegerin am Wegesrand entdeckst.

Sie sitzt an einem kleinen Tisch, auf dem ein Deck Tarotkarten ausgebreitet ist. Dir fällt auf, dass die Tarotkarte "Der Gehängte" direkt vor ihr liegt.

Die Kartenlegerin schaut auf und bemerkt dein Interesse. Sie gibt dir ein Zeichen und lächelt dich freundlich an. Du gehst auf sie zu und sie beginnt, dir die Deutung der Karte "Der Gehängte" noch einmal zu erklären, damit du sie dir besser einprägen und bei zukünftigen Legungen wieder abrufen kannst.

Die Kartenlegerin geht auf die verschiedenen Deutungen der Karte ein:

- **Hingabe und Loslassen:** Die Karte des Gehängten symbolisiert Hingabe und Loslassen, um eine neue Perspektive und Erleuchtung zu erlangen.

- **Geduld und Akzeptanz:** Sie steht auch für Geduld und Akzeptanz, die durch Opfer und Selbstlosigkeit erreicht werden können.

- **Die Notwendigkeit des Loslassens:** Die Karte erinnert daran, dass man manchmal loslassen muss, um im Leben voranzukommen.

Nachdem dir die Kartenlegerin diese Deutungen erklärt hat, bedankst du dich bei ihr und gehst weiter durch den Wald.

Du spürst die kraftvollen Energien, die du in der Fantasiereise und im Gespräch mit der Kartenlegerin erfahren hast. Du weißt nun, wie du die Deutungen der Karte nutzen kannst, um dein Leben in eine positive Richtung zu lenken.

******

Und so wird es langsam Zeit, die Reise für heute zu beenden. Da taucht auch schon wieder der Eingang mit den 2 mystischen Steinsäulen und der Treppe auf.

Du gehst durch das Steintor und die Treppe wieder hinunter. Mit jeder Treppenstufe kommst du mehr und mehr im Hier und Jetzt an und bist dir bewusst, dass du die gelernten Deutungen der Karte bei dir trägst, um sie jederzeit abrufen zu können.

Fantasiereise zur Tarotkarte „Der Tod"

Um deine Fantasiereise zu beginnen, siehst du dich vor einer majestätischen Steintreppe stehen. Sie führt zu einem imposanten Steintor mit zwei mystischen Steinsäulen an den Seiten, die dir aus verschiedenen Tarotkarten bekannt sind. Dieses Tor stellt den Eingang zu einer magischen und geheimnisvollen Tarot Welt dar, die es zu erforschen gilt.

Mit jedem Schritt auf der Steintreppe lässt du die gewöhnliche Welt hinter dir. Du durchschreitest das Steintor und ein magischer Wald öffnet sich vor dir.

Du wanderst durch diesen magischen Wald und stehst auf einmal an einer Weggabelung. Ein uraltes Holzschild weist den Weg: In die eine Richtung geht es in die große Arkana, in die andere in die kleine Arkana des Tarot.

Die geheimnisvolle Aura der großen Arkana fasziniert dich und du beschließt, diesem Weg zu folgen.

Unterwegs entdeckst du seltsame Pilze, leuchtende, mystische Blumen und schließlich ein magisches Tor, das fest verschlossen ist. Es ist kunstvoll verziert und ein Griff lädt dich ein, es zu öffnen.

An der Seite des Tores findest du ein kleines Feld, in das du eine Zahl eintragen kannst. Du gibst die Zahl 13 ein, die für die Tarotkarte "Der Tod" steht, und wie von Zauberhand erscheint das Bildmotiv dieser Karte auf dem Tor.

Mit einem tiefen Atemzug trittst du durch das Tor in die Welt des Todes, eine Welt der Verwandlung und des Abschieds.

Die Szenerie, die sich dir bietet, ist düster und hoffnungsvoll zugleich. In der Ferne siehst du ein Skelett in schwarzer Rüstung auf einem weißen Pferd reiten. Es schwenkt eine schwarze Fahne und bewegt sich nach rechts, dorthin, wo die Sonne am Horizont aufgeht.

Menschen unterschiedlichen Alters und verschiedener sozialer Schichten stehen, liegen oder knien vor dem Reiter und blicken ehrfürchtig, ängstlich oder hoffnungsvoll zu ihm auf.

Die Energie hier ist intensiv zu spüren, es ist Ende und Anfang, Abschied und Neubeginn zugleich. Man merkt, dass das weiße Pferd, obwohl es einen düsteren Reiter trägt, lebendig und vital ist. Es symbolisiert den unaufhaltsamen Fluss des Lebens, der auch nach dem Tod weitergeht.

Du gehst auf ihn zu und er bemerkt dich sofort. "Warum hast du keine Angst?" fragt er dich, seine Stimme ist so alt wie die Zeit selbst.

"Vielleicht, weil ich begreife, dass du nicht das Ende, sondern einen neuen Anfang darstellst", antwortest du, überrascht von deiner eigenen Weisheit.

Er nickt zufrieden. "Sehr gut. Der Tod ist nicht das Ende, sondern ein natürlicher Teil des Lebens. Er ist eine Zeit der Wandlung und Veränderung, ein Moment der Reinigung und Erneuerung."

Mit diesen Worten führt er dich zu einem Baum, der gerade seine Blätter verliert. Du siehst zu, wie die Blätter sanft zu Boden fallen und langsam verrotten, und du erkennst, dass dieser scheinbare Verfall in Wirklichkeit der Beginn eines neuen Lebens ist.

Jetzt streckt der Tod seine Hand aus, und du beobachtest, wie er mit einer Geste, so leicht wie ein fallendes Blatt, das Muster der Wirklichkeit selbst verändert. Die Welt um einen herum verwandelt sich. Wo einst ein herbstlicher Wald war, sieht man nun ein einfaches, aber elegantes Zimmer, vollgestopft mit den Gegenständen und Erinnerungen eines Lebens. Ein Leben, das offensichtlich zu Ende geht.

"Loslassen", beginnt er, seine Stimme tief und resonant, "ist eine Kunst, die viele nicht beherrschen. Sie halten an Dingen fest, die sie nicht kontrollieren können, weil sie Angst vor der Leere haben. Aber wahres Loslassen bedeutet nicht, in die Leere zu fallen. Es bedeutet, sich von dem, was uns zurückhält, zu befreien und den Raum für Neues zu öffnen.

Er führt durch das Zimmer, zeigt ein leeres Bett, in dem einst ein geliebter Mensch geschlafen hat, ein leeres Glas, in dem einst sein Lieblingsgetränk stand, leere Stühle, auf denen einst Freunde und Familie saßen. "Sie alle mussten lernen, loszulassen, als die Zeit gekommen war. Das war nicht leicht, aber notwendig."

Dann führt er hinaus in einen Garten, in dem alles in voller Blüte steht. "Das ist der nächste Schritt: Reinigung und Erneuerung. Wenn wir loslassen, können wir uns reinigen von dem, was uns zurückhält, und Platz schaffen für Neues."

Du siehst, wie der Tod die Hände hebt und das Leben im Garten erneuert, wie er die welken Blätter entfernt und das neue Wachstum fördert. Du spürst, wie die Energie des Lebens um dich herum pulsiert, und verstehst, dass dies der wahre Kreislauf des Lebens ist - kein gerader Weg, sondern ein ständiges Auf und Ab, ein ewiges Rad des Werdens und Vergehens.

Er wendet sich dir zu. "Verstehst du jetzt?" fragt er.

Du nickst, Tränen der Erkenntnis in den Augen. Ja, du verstehst jetzt. Du verstehst, dass das Ende eines Zyklus immer der Anfang eines neuen ist, dass Veränderung notwendig ist und dass Loslassen einen Neuanfang ermöglicht.

Unwillkürlich denkst du an etwas in deinem Leben, das du loslassen musst, etwas, das an ein natürliches Ende gekommen ist und Platz machen muss für Neues. Vielleicht ist es eine alte Gewohnheit, eine Beziehung, die nicht mehr funktioniert, oder ein Lebensabschnitt, der zu Ende geht. Visualisiere dieses Element in deinem Leben und stelle dir vor, wie du es in die Hände des Todes übergibst.

Spüre, wie es sich anfühlt, dieses Element loszulassen. Vielleicht fühlst du Trauer oder Angst, aber erlaube dir auch, das Gefühl von Erleichterung und Freiheit zu spüren, das mit dem Loslassen einhergeht. Nimm wahr, wie die Transformation in dir beginnt, wie das Alte stirbt und dem Neuen Platz macht.

Obwohl diese Transformation schmerzhaft sein kann, erkennst du auch ihre Notwendigkeit. So wie der Tod in der Natur den Weg für neues Leben ebnet, so ebnet der Tod in dir den Weg für neue Erfahrungen, neues Wachstum und neue Möglichkeiten.

Diese Lektion über Veränderung, Loslassen und Wiedergeburt ist tiefgreifend und bewegend. Du erkennst, dass jede Phase des Lebens, sogar das Ende, einen wichtigen Zweck hat und dazu dient, das ewige Rad des Lebens am Laufen zu halten.

Wenn du schließlich durch das Tor zurückkehrst, bist du verändert. Du trägst eine neue Erkenntnis in dir, die dich daran erinnert, dass das Ende eines Zyklus immer der Anfang eines neuen ist, dass Veränderung notwendig ist und dass Loslassen einen Neuanfang ermöglicht. Mit diesem Wissen kehrst du durch das Tor in den magischen Wald zurück.

******

Du schlenderst noch ein wenig durch den Wald und genießt die friedliche Atmosphäre, als du auf einmal eine Kartenlegerin am Wegesrand entdeckst.

Sie sitzt an einem kleinen Tisch, auf dem ein Deck Tarotkarten ausgebreitet ist. Dir fällt auf, dass die Tarotkarte "Der Tod" direkt vor ihr liegt.

Die Kartenlegerin schaut auf und bemerkt dein Interesse. Sie gibt dir ein Zeichen und lächelt dich freundlich an. Du gehst auf sie zu und sie beginnt, dir die Deutung der Karte "Der Tod" noch einmal zu erklären, damit du sie dir besser einprägen und bei zukünftigen Legungen wieder abrufen kannst.

Die Kartenlegerin geht auf die verschiedenen Deutungen der Karte ein:

- **Ende und Neubeginn:** Die Karte Tod symbolisiert das Ende und den Neubeginn, der durch Transformation und Wiedergeburt erreicht werden kann.

- **Loslassen und Befreiung:** Die Karte steht auch für Loslassen und Befreiung, die durch Reinigung und Erneuerung erreicht werden können.

- **Die Notwendigkeit der Veränderung:** Wenn diese Karte in deiner Legung erscheint, erinnert sie dich daran, dass Veränderung notwendig sein kann, um in deinem Leben voranzukommen und Fortschritte zu machen.

Nachdem dir die Kartenlegerin diese Deutungen erklärt hat, bedankst du dich bei ihr und gehst weiter durch den Wald.

Du spürst die kraftvollen Energien, die du in der Fantasiereise und im Gespräch mit der Kartenlegerin erfahren hast. Du weißt nun, wie du die Deutungen der Karte nutzen kannst, um dein Leben in eine positive Richtung zu lenken.

******

Und so wird es langsam Zeit, die Reise für heute zu beenden. Da taucht auch schon wieder der Eingang mit den 2 mystischen Steinsäulen und der Treppe auf.

Du gehst durch das Steintor und die Treppe wieder hinunter. Mit jeder Treppenstufe kommst du mehr und mehr im Hier und Jetzt an und bist dir bewusst, dass du die gelernten Deutungen der Karte bei dir trägst, um sie jederzeit abrufen zu können.

Fantasiereise zur Tarotkarte „Mäßigkeit"

Um deine Fantasiereise zu beginnen, siehst du dich vor einer majestätischen Steintreppe stehen. Sie führt zu einem imposanten Steintor mit zwei mystischen Steinsäulen an den Seiten, die dir aus verschiedenen Tarotkarten bekannt sind. Dieses Tor stellt den Eingang zu einer magischen und geheimnisvollen Tarot Welt dar, die es zu erforschen gilt.

Mit jedem Schritt auf der Steintreppe lässt du die gewöhnliche Welt hinter dir. Du durchschreitest das Steintor und ein magischer Wald öffnet sich vor dir.

Du wanderst durch diesen magischen Wald und stehst auf einmal an einer Weggabelung. Ein uraltes Holzschild weist den Weg: In die eine Richtung geht es in die große Arkana, in die andere in die kleine Arkana des Tarot.

Die geheimnisvolle Aura der großen Arkana fasziniert dich und du beschließt, diesem Weg zu folgen.

Unterwegs entdeckst du seltsame Pilze, leuchtende, mystische Blumen und schließlich ein magisches Tor, das fest verschlossen ist. Es ist kunstvoll verziert und ein Griff lädt dich ein, es zu öffnen.

An der Seite des Tores findest du ein kleines Feld, in das du eine Zahl eintragen kannst. Du gibst die Zahl 14 ein, die für die Tarotkarte "Mäßigkeit" steht, und wie von Zauberhand erscheint das Bildmotiv dieser Karte auf dem Tor.

Du trittst durch das vertraute Tor und findest dich in einer friedlichen Landschaft wieder. Ein ruhiger Fluss schlängelt sich sanft durch das Grün, spiegelt den klaren blauen Himmel und malt helle Farbflecken auf das dunklere Grün des umliegenden Grases. Eine Brücke überspannt den Fluss und auf dieser Brücke steht eine Figur, ruhig und gelassen, den Blick auf das fließende Wasser gerichtet.

Die Gestalt, ein Engel mit goldenen Flügeln, blickt auf, wenn man sich ihr nähert, und begrüßt einen mit einem freundlichen Lächeln. In ihren Händen hält sie zwei Krüge, aus denen sie das Wasser in einem nie endenden Strom von einem in den anderen gießt. Sie stellt sich als Mäßigkeit vor und lädt dich ein, dich ihr anzuschließen.

"Wasser", erklärt sie, "ist ein gutes Symbol für das, wofür ich stehe. Es passt sich an, es fließt, es findet immer einen Weg. Aber es kann auch wild und zerstörerisch sein, wenn es aus dem Gleichgewicht gerät. Deshalb ist Mäßigung wichtig - um den Fluss des Lebens in Harmonie zu halten."

Du folgst ihrer Aufforderung und nimmst dir einen Moment Zeit, um den stetigen Fluss des Wassers zu beobachten. Es ist beruhigend, fast hypnotisch, und du spürst, wie deine eigenen Gedanken und Gefühle langsamer werden, sich beruhigen.

"Das ist der Anfang", sagt Mäßigkeit. "Du musst lernen, dich und deine Gefühle zu mäßigen. Sei geduldig mit dir selbst. Lass die Dinge geschehen, anstatt sie zu erzwingen. Und vor allem, sei gelassen. Es ist leicht, sich von den Stürmen des Lebens mitreißen zu lassen, aber wahre Stärke liegt in der Fähigkeit, ruhig zu bleiben, auch wenn die Wellen hoch schlagen."

Sie lädt dich ein, die Krüge selbst zu halten, das Wasser von einem zum anderen zu gießen. Am Anfang ist es schwierig, das Gleichgewicht zu halten, das Wasser zu kontrollieren. Aber mit der Zeit und der sanften Anleitung der Mäßigung gelingt es dir immer besser. Du fühlst dich ruhiger, zentrierter, ausgeglichener.

"Das ist die Kunst der Mäßigung", sagt sie schließlich, als du die Krüge abstellst. Dann lädt sie dich zu einer weiteren Übung ein. Vor dir auf der Brücke erscheint ein großes Mosaik aus vielen bunten Steinen. "Siehst du das Mosaik?", fragt sie. "Jeder Stein steht für einen Aspekt deines Lebens - Arbeit, Familie, Freunde, Hobbys, Gesundheit und so weiter. Allein sind es nur Steine, aber zusammen bilden sie ein harmonisches Ganzes. Das ist Integration.

Du kniest dich hin und berührst vorsichtig die Steine. Jeder ist einzigartig, anders in Form und Farbe, und doch passen sie perfekt zusammen, ergänzen sich. Du begreifst, dass auch du, wie dieses Mosaik, aus vielen Teilen besteht, die zusammen ein Ganzes ergeben.

"Heilung", fährt sie fort, "ist wie das Einsetzen loser Steine in unser Mosaik. Es kann sein, dass Teile von dir verletzt wurden und sich gelöst haben. Durch bewusste Fürsorge und Liebe kannst du diese Teile wieder in dein Leben integrieren, sie heilen und dein inneres Gleichgewicht wiederherstellen".

Du denkst an deine eigenen losen Steine, an die Teile von dir, die verletzt und abgespalten sind. Mit Hilfe der Mäßigkeit beginnst du, diese Teile von dir mit Verständnis und Mitgefühl zu behandeln, sie wieder in dein Mosaik einzufügen.

Dann bringt die Mäßigkeit Farben und Pinsel hervor. "Kreativität", sagt sie, "ist das Malen unseres eigenen Mosaiks. Es ist die Freiheit, unser eigenes Leben zu gestalten und unsere eigene Geschichte zu schreiben. Und Inspiration ist der Funke, der das Feuer der Kreativität entfacht. Sie ist überall zu finden, wenn wir uns die Zeit nehmen, danach zu suchen.

Du nimmst einen Pinsel und beginnst, das Mosaik mit bunten Farben zu bemalen. Jeder Strich ist ein Ausdruck deines inneren Selbst, jede Farbe ein Spiegel deiner Gefühle. Das ist befreiend und erfüllt dich mit Freude und Inspiration.

Durch diese Erfahrung erkennst du, wie du Integration und Heilung in dein eigenes Leben bringen kannst. Wie du Kreativität nutzen kannst, um dich auszudrücken und Inspiration zu finden. Du bist bereit, diese Lektionen in dein Leben zu integrieren und den Fluss deiner Existenz mit mehr Harmonie und Ausgeglichenheit zu füllen.

Wenn du durch das Tor zurückkehrst, bist du erfüllt von den neuen Erkenntnissen und Einsichten, die du in der Welt der Mäßigung gewonnen hast.

******

Du schlenderst noch ein wenig durch den Wald und genießt die friedliche Atmosphäre, als du auf einmal eine Kartenlegerin am Wegesrand entdeckst.

Sie sitzt an einem kleinen Tisch, auf dem ein Deck Tarotkarten ausgebreitet ist. Dir fällt auf, dass die Tarotkarte "Mäßigkeit" direkt vor ihr liegt.

Die Kartenlegerin schaut auf und bemerkt dein Interesse. Sie gibt dir ein Zeichen und lächelt dich freundlich an. Du gehst auf sie zu und sie beginnt, dir die Deutung der Karte "Mäßigkeit" noch einmal zu erklären, damit du sie dir besser einprägen und bei zukünftigen Legungen wieder abrufen kannst.

Die Kartenlegerin geht auf die verschiedenen Deutungen der Karte ein:

- **Harmonie und Ausgeglichenheit:** Die Karte Mäßigkeit symbolisiert Harmonie und Ausgeglichenheit, die durch Geduld und Gelassenheit erreicht werden können.

- **Integration und Heilung:** Die Karte steht auch für Integration und Heilung, die durch Kreativität und Inspiration möglich sind.

- **Innere Balance:** Wenn diese Karte in deiner Legung erscheint, erinnert sie dich daran, dich auf deine innere Balance zu konzentrieren.

Nachdem dir die Kartenlegerin diese Deutungen erklärt hat, bedankst du dich bei ihr und gehst weiter durch den Wald.

Du spürst die kraftvollen Energien, die du in der Fantasiereise und im Gespräch mit der Kartenlegerin erfahren hast. Du weißt nun, wie du die Deutungen der Karte nutzen kannst, um dein Leben in eine positive Richtung zu lenken.

******

Und so wird es langsam Zeit, die Reise für heute zu beenden. Da taucht auch schon wieder der Eingang mit den 2 mystischen Steinsäulen und der Treppe auf.

Du gehst durch das Steintor und die Treppe wieder hinunter. Mit jeder Treppenstufe kommst du mehr und mehr im Hier und Jetzt an und bist dir bewusst, dass du die gelernten Deutungen der Karte bei dir trägst, um sie jederzeit abrufen zu können.

Fantasiereise zur Tarotkarte „Der Teufel"

Um deine Fantasiereise zu beginnen, siehst du dich vor einer majestätischen Steintreppe stehen. Sie führt zu einem imposanten Steintor mit zwei mystischen Steinsäulen an den Seiten, die dir aus verschiedenen Tarotkarten bekannt sind. Dieses Tor stellt den Eingang zu einer magischen und geheimnisvollen Tarot Welt dar, die es zu erforschen gilt.

Mit jedem Schritt auf der Steintreppe lässt du die gewöhnliche Welt hinter dir. Du durchschreitest das Steintor und ein magischer Wald öffnet sich vor dir.

Du wanderst durch diesen magischen Wald und stehst auf einmal an einer Weggabelung. Ein uraltes Holzschild weist den Weg: In die eine Richtung geht es in die große Arkana, in die andere in die kleine Arkana des Tarot.

Die geheimnisvolle Aura der großen Arkana fasziniert dich und du beschließt, diesem Weg zu folgen.

Unterwegs entdeckst du seltsame Pilze, leuchtende, mystische Blumen und schließlich ein magisches Tor, das fest verschlossen ist. Es ist kunstvoll verziert und ein Griff lädt dich ein, es zu öffnen.

An der Seite des Tores findest du ein kleines Feld, in das du eine Zahl eintragen kannst. Du gibst die Zahl 15 ein, die für die Tarotkarte "Der Teufel" steht, und wie von Zauberhand erscheint das Bildmotiv dieser Karte auf dem Tor.

Mit einem tiefen Atemzug fasst du Mut und trittst durch das Tor. Du betrittst eine Welt, die von Dunkelheit und Finsternis beherrscht wird, die aber trotz ihrer düsteren Atmosphäre eine unerklärliche Anziehungskraft ausübt. Es ist die Welt des Teufels, die Welt der Versuchung und der freiwilligen Abhängigkeit.

Das Bild vor dir zeigt eine Gestalt des Bösen, einen Teufel mit einer Feuerfackel in der Hand.

Die Fackel brennt hell und erhellt die Dunkelheit, sie symbolisiert Antrieb, Leidenschaft und die Fähigkeit, Licht in die Dunkelheit zu bringen.

Daneben stehen zwei Menschen, sie sind zwar gekettet, aber die Ketten scheinen locker zu sein, als könnten sie sich jederzeit befreien. Doch sie bleiben, ein Zeichen der freiwilligen Abhängigkeit, die aus verschiedenen Formen der Sucht entstehen kann.

Du spürst den Konflikt, der in dieser Szene zum Ausdruck kommt, und du erkennst, dass es deine Aufgabe ist, ihn zu verstehen und zu lösen.

Du lässt deinen Blick über die Szene schweifen und bemerkst, wie die dunkle Umgebung allmählich in einen verwunschenen Wald übergeht. Du stehst am Anfang dieses Waldes, dessen Schönheit und Geheimnis dich sofort fasziniert. Du spürst, wie die Last des Alltags von deinen Schultern fällt und ein Gefühl von Ruhe und Frieden dich erfüllt.

Mit Vorfreude und gespannter Erwartung folgst du dem verlockenden Pfad, der sich vor dir ausbreitet. Der Wald wird immer dichter und die Bäume um dich herum tragen seltsame, leuchtende Früchte. Sie verströmen einen süßen Duft, der deine Sinne betört.

Du spürst, dass diese Früchte magische Kräfte besitzen und dich in einen Zustand der Ekstase versetzen können, aber gleichzeitig ahnst du die Gefahr, die in ihnen lauert. Sie symbolisieren Sucht und Abhängigkeit, die darauf warten, dich in ihren Bann zu ziehen.

Trotz der Versuchung widerstehst du dem Drang, eine der Früchte zu pflücken und spürst, wie deine innere Kraft wächst. Du weißt, dass du nicht in die Falle der Abhängigkeit tappen willst und entscheidest dich bewusst, deinen Weg weiterzugehen, ohne dich von den verlockenden Früchten ablenken zu lassen.

Als du weiter gehst, entdeckst du eine Lichtung, in deren Mitte ein klarer, glitzernder See liegt. Das Wasser des Sees ist so rein und klar, dass es die Kraft hat, negative Energien und Abhängigkeiten aus deinem Inneren zu lösen.

Du gehst auf den See zu, und schließlich spürst du, wie das kühle Wasser deine Füße umspült. Während du langsam ins Wasser eintauchst, spürst du, wie dich eine sanfte, heilende Energie durchströmt und alle Spuren von Sucht und Abhängigkeit aus deinem Körper und deinem Geist spült.

Du tauchst ganz in den See ein und gibst dich der wohltuenden Kraft des Wassers hin. Du fühlst, wie dein Geist sich klärt und dein Körper von aller Schwere befreit wird. Während du im Wasser treibst, erkennst du, dass du es selbst in der Hand hast, ungesunden Verhaltensweisen und Abhängigkeiten zu widerstehen, und dass deine innere Kraft wächst, je bewusster du dich auf deinem Lebensweg für Freiheit und Unabhängigkeit entscheidest.

Schließlich steigst du aus dem Wasser und bemerkst, dass der Wald um dich herum heller und lebendiger geworden ist. Die Bäume tragen nun Früchte, die wahre Nahrung für die Seele sind und dir Kraft und Weisheit geben, anstatt dich in die Fänge von Sucht und Abhängigkeit zu locken.

Du nimmst eine dieser Früchte und spürst, wie sie deinen Körper und deinen Geist nährt, während du gestärkt und voller Zuversicht deinen Weg fortsetzt.

Deine Reise führt dich weiter in den Wald, wo du auf ein altes, majestätisches Schloss triffst. Hier herrschen Manipulation und Kontrolle. Du betrittst das Schloss und findest dich in einem Labyrinth von Gängen und Räumen wieder, in denen Intrigen und Betrug an der Tagesordnung sind.

Aber anstatt dich in dieses Netz aus Manipulation und Kontrolle hineinziehen zu lassen, entscheidest du dich dafür, den Menschen hier auf eine respektvolle und ethische Art und Weise zu begegnen.

Du lernst, gegenüber Manipulations- und Kontrollversuchen anderer wachsam zu sein und stets integer zu handeln.

Durch deine aufrichtige und respektvolle Haltung gewinnst du das Vertrauen der Schlossbewohner und gemeinsam beginnt ihr, die Mauern der Manipulation und Kontrolle einzureißen.

Schon bald erstrahlt das Schloss in einem neuen Licht, das von gegenseitigem Respekt und einer ehrlichen Kommunikation geprägt ist.

Nun bist du bereit, deine Reise fortzusetzen und kommst in ein Dorf, das unter dem Joch eines tyrannischen Herrschers leidet. Du siehst, wie die Dorfbewohner unter Machtmissbrauch und Unterdrückung leiden und erkennst, dass du nicht untätig bleiben kannst.

Anstatt dich selbst in eine Position der Macht und Kontrolle über andere zu bringen, beschließt du, den Dorfbewohnern zu helfen, ihre eigene Stärke und Selbstbestimmung zu entdecken.

Gemeinsam arbeitet ihr daran, die Strukturen der Unterdrückung aufzubrechen und ein neues System der Zusammenarbeit und des Miteinanders aufzubauen.

Du bringst den Dorfbewohnern bei, wie sie ihre Talente und Fähigkeiten nutzen können, um für sich selbst und ihre Gemeinschaft einzustehen.

Mit der Zeit beginnt sich das Dorf zu verändern. Die Menschen erkennen, dass sie gemeinsam stark sind und keine Angst mehr vor Unterdrückung haben müssen. Die ehemals düstere und bedrückende Stimmung weicht einer Atmosphäre der Freude, des Zusammenhalts und der gegenseitigen Unterstützung.

Du nimmst diese Erfahrung mit, um dich in Zukunft davor zu hüten, andere zu verletzen oder zu unterdrücken, um deine eigenen Interessen durchzusetzen. Du erkennst, dass wahre Stärke nicht darin liegt, Macht über andere auszuüben, sondern darin, anderen zu helfen, ihr volles Potenzial zu entfalten.

Nachdem du das Dorf hinter dir gelassen hast, führt dich dein Weg durch eine düstere Landschaft, in der Negativität und Pessimismus in der Luft liegen. Du spürst, wie diese schweren Gefühle auf dir lasten und dich zu erdrücken drohen. Aber anstatt dich von diesen Gefühlen überwältigen zu lassen, entscheidest du dich, ihnen etwas entgegenzusetzen.

Du fängst an, in dieser trostlosen Umgebung nach Schönheit und Positivität zu suchen. Du findest kleine, verborgene Wunder, wie eine zarte Blume, die sich ihren Weg durch den rauen Boden bahnt, oder einen Vogel, der trotz der düsteren Umgebung fröhlich sein Lied singt. Du lernst, diese Momente der Schönheit und Freude zu schätzen und sie als Lichtblicke inmitten der Dunkelheit zu sehen.

Mit der Zeit verändert sich die Landschaft um dich herum. Die grauen Wolken weichen einem strahlenden Himmel und die düstere Stimmung weicht Optimismus und Zuversicht. Du erkennst, dass deine Einstellung und deine Fähigkeit, in jeder Situation das Positive zu sehen, der Schlüssel zur Überwindung von Negativität und Pessimismus sind.

Deine Reise neigt sich dem Ende zu, als du dich einer imposanten Bergkette näherst. Hier lauern Ängste und zwanghafte Gedanken, die dich daran hindern, ein freieres und erfüllteres Leben zu führen. Anstatt dich von diesen Ängsten lähmen zu lassen, beschließt du, dich ihnen zu stellen und sie zu überwinden.

Mit jedem Schritt, den du den Berg hinaufsteigst, wirst du mit einer deiner Ängste konfrontiert. Du erkennst, dass diese Ängste oft unbegründet sind und dass du sie überwinden kannst, wenn du dich ihnen mutig stellst. Du lernst, dich auf deine Stärken und Fähigkeiten zu verlassen und dein Selbstvertrauen zu stärken, indem du dich diesen Herausforderungen stellst.

Mit jedem überwundenen Hindernis und jeder überwundenen Angst fühlst du dich freier und erfüllter. Du erkennst, dass du dich nicht mehr von Ängsten und Zwängen beherrschen lassen musst und dein Leben selbstbestimmt und mutig gestalten kannst.

Als du schließlich auf dem Gipfel des Berges angekommen bist, blickst du zurück auf die beeindruckende Landschaft, die du durchquert hast. Du siehst den Wald, das Schloss, das Dorf, die düstere Landschaft und die Bergkette, die nun hinter dir liegen. Jede dieser Stationen hat dich wichtige Lektionen gelehrt und dich in deiner persönlichen Entwicklung vorangebracht.

Von hier oben siehst du die Welt mit anderen Augen. Du hast gelernt, ungesunde Abhängigkeiten zu vermeiden, Manipulation und Kontrolle zu erkennen und ihnen entgegenzuwirken, Machtmissbrauch und Unterdrückung abzulehnen, Negativität und Pessimismus zu überwinden und dich deinen Ängsten und Zwängen zu stellen.

Mit diesen wertvollen Erkenntnissen im Gepäck machst du dich auf den Weg zurück ins Tal, bereit für ein erfülltes Leben voller Freiheit, Selbstbestimmung und positiver Energie. Du weißt jetzt, dass du, egal welche Herausforderungen das Leben für dich bereithält, die Kraft und die Weisheit hast, sie zu meistern und weiter zu wachsen.

Nachdem du dich ausgiebig in der Deutungswelt des Teufels umgesehen hast, spürst du, dass es an der Zeit ist, diese faszinierende Welt zu verlassen. Du kehrst zu dem magischen Tor zurück, das dich in diese Deutungswelt geführt hat. Das Bildmotiv der Tarotkarte, das zuvor so lebendig auf dem Tor abgebildet war, beginnt zu verblassen, sobald du den Griff ergreifst und das Tor öffnest.

Wenn du durch das Tor schreitest, verwandelt sich die Deutungswelt wieder in den magischen Wald, den du zuvor betreten hast. Du bist erneut auf dem Weg, der dich zur großen Arkana geführt hat.

******

Du schlenderst noch ein wenig durch den Wald und genießt die friedliche Atmosphäre, als du auf einmal eine Kartenlegerin am Wegesrand entdeckst.

Sie sitzt an einem kleinen Tisch, auf dem ein Deck Tarotkarten ausgebreitet ist. Dir fällt auf, dass die Tarotkarte "Der Teufel" direkt vor ihr liegt.

Die Kartenlegerin schaut auf und bemerkt dein Interesse. Sie gibt dir ein Zeichen und lächelt dich freundlich an. Du gehst auf sie zu und sie beginnt, dir die Deutung der Karte "Der Teufel" noch einmal zu erklären, damit du sie dir besser einprägen und bei zukünftigen Legungen wieder abrufen kannst.

Die Kartenlegerin geht auf die verschiedenen Deutungen der Karte ein:

- **Sucht und Abhängigkeit:** Achte darauf, nicht in ungesunde Verhaltensweisen und Abhängigkeiten zu geraten.

- **Manipulation und Kontrolle:** Sei wachsam gegenüber Versuchen anderer, dich zu manipulieren oder zu kontrollieren, und handle stets ethisch und respektvoll.

- **Machtmissbrauch und Unterdrückung:** Vermeide es, andere zu verletzen oder zu unterdrücken, um deine eigenen Interessen durchzusetzen.

- **Negativität und Pessimismus:** Lerne, negative Gedanken und Gefühle zu überwinden und stattdessen Optimismus und Zuversicht zu entwickeln.

- **Angst und Zwanghaftigkeit:** Setze dich mit deinen Ängsten auseinander und überwinde sie, um ein freieres und erfüllteres Leben zu führen.

Nachdem dir die Kartenlegerin diese Deutungen erklärt hat, bedankst du dich bei ihr und gehst weiter durch den Wald.

Du spürst die kraftvollen Energien, die du in der Fantasiereise und im Gespräch mit der Kartenlegerin erfahren hast. Du weißt nun, wie du die Deutungen der Karte nutzen kannst, um dein Leben in eine positive Richtung zu lenken.

******

Und so wird es langsam Zeit, die Reise für heute zu beenden. Da taucht auch schon wieder der Eingang mit den 2 mystischen Steinsäulen und der Treppe auf.

Du gehst durch das Steintor und die Treppe wieder hinunter. Mit jeder Treppenstufe kommst du mehr und mehr im Hier und Jetzt an und bist dir bewusst, dass du die gelernten Deutungen der Karte bei dir trägst, um sie jederzeit abrufen zu können.

Fantasiereise zur Tarotkarte „Der Turm"

Um deine Fantasiereise zu beginnen, siehst du dich vor einer majestätischen Steintreppe stehen. Sie führt zu einem imposanten Steintor mit zwei mystischen Steinsäulen an den Seiten, die dir aus verschiedenen Tarotkarten bekannt sind. Dieses Tor stellt den Eingang zu einer magischen und geheimnisvollen Tarot Welt dar, die es zu erforschen gilt.

Mit jedem Schritt auf der Steintreppe lässt du die gewöhnliche Welt hinter dir. Du durchschreitest das Steintor und ein magischer Wald öffnet sich vor dir.

Du wanderst durch diesen magischen Wald und stehst auf einmal an einer Weggabelung. Ein uraltes Holzschild weist den Weg: In die eine Richtung geht es in die große Arkana, in die andere in die kleine Arkana des Tarot.

Die geheimnisvolle Aura der großen Arkana fasziniert dich und du beschließt, diesem Weg zu folgen.

Unterwegs entdeckst du seltsame Pilze, leuchtende, mystische Blumen und schließlich ein magisches Tor, das fest verschlossen ist. Es ist kunstvoll verziert und ein Griff lädt dich ein, es zu öffnen.

An der Seite des Tores findest du ein kleines Feld, in das du eine Zahl eintragen kannst. Du gibst die Zahl 16 ein, die für die Tarotkarte "Der Turm" steht, und wie von Zauberhand erscheint das Bildmotiv dieser Karte auf dem Tor.

Kaum hast du das Tor durchschritten, findest du dich in einer kargen Landschaft wieder. Vor dir erhebt sich ein mächtiger Turm. Seine majestätische Spitze, die normalerweise in den Himmel ragt, verschwindet im Dunst der Wolken.

Dein Blick wird nach oben gezogen, zu diesem erhabenen und doch einschüchternden Bauwerk.

Der Himmel, eben noch ruhig und friedlich, wird plötzlich dunkel und stürmisch. Ein Blitz, so hell und stark, dass er die Augen blendet, zuckt plötzlich auf und trifft den Turm mit voller Wucht. Es folgt ein ohrenbetäubender Donnerschlag, der den Boden unter den Füßen erzittern und die Luft mit seiner rohen Energie vibrieren lässt.

Der Turm, der so stabil und unerschütterlich schien, gerät ins Wanken. Steine lösen sich von seiner Spitze und fallen herab, während der Turm unter dem verheerenden Einfluss des Blitzes erschüttert wird. Es ist ein erschreckender und faszinierender Anblick, der die Macht der Natur und die Zerbrechlichkeit menschlicher Konstruktionen deutlich vor Augen führt.

Die Welt, in die du eingetreten bist, ist die Welt des Turms. Es ist eine Welt, die die Illusion von Kontrolle und Stabilität zerstört, eine Welt, in der man mit den plötzlichen und unvermeidlichen Veränderungen des Lebens konfrontiert wird. Der Turm, den du vor dir siehst, ist ein Symbol für deine alten Überzeugungen, Wahrnehmungen und Annahmen, die nun durch eine unerwartete und schockierende Wahrheit in Frage gestellt werden.

Zuerst kommt die Angst. Angst vor dem Unbekannten, Angst vor der Unsicherheit, die solche plötzlichen Veränderungen mit sich bringen. Aber während du zusiehst, wie der Turm bröckelt und fällt, spürst du in dir ein wachsendes Gefühl der Freiheit und des Aufatmens.

Du fühlst eine Art Erleichterung, wenn du siehst, wie die alte Struktur fällt, die dir vielleicht einmal Sicherheit gegeben hat, die aber auch eine Quelle von Begrenzungen und Einschränkungen war.

Je länger du die Szene beobachtest, desto klarer wird dir, dass der fallende Turm eigentlich ein Geschenk ist. Ein Geschenk der Befreiung von den Fesseln deiner alten Gedanken und Überzeugungen, die dir nicht mehr dienen. Ein Geschenk der Erneuerung und des Wachstums, das dir die Möglichkeit gibt, dich neu zu erfinden und neue Wege zu gehen.

Du erkennst, dass du der Baumeister deines eigenen Turms warst. Die Steine, aus denen er bestand, waren die Gedanken, Überzeugungen und Muster, die du im Laufe deines Lebens angesammelt hast. Und jetzt, da der Turm zerstört ist, hast du die Freiheit, deine eigenen Wahrheiten zu wählen und deinen Turm nach deinen eigenen Bedingungen neu zu bauen.

Du siehst die Möglichkeiten, die sich vor dir auftun, die Chancen, die sich dir bieten, um ein neues, stärkeres Fundament für dein Leben zu schaffen. Du fühlst dich bereit, alte Muster und Begrenzungen hinter dir zu lassen und die Freiheit zu umarmen, die diese Veränderung mit sich bringt.

Der Anblick des fallenden Turms konfrontiert dich auch mit der Wahrheit, dass nichts im Leben wirklich beständig ist. Alles ist einem ständigen Wandel unterworfen und selbst die stärksten Strukturen können einstürzen. Diese Erkenntnis kann beängstigend sein, birgt aber auch eine tiefe Weisheit in sich. Sie erinnert uns daran, dass wir, um in unserem Leben voranzukommen und zu wachsen, bereit sein müssen, Altes loszulassen und Neues anzunehmen.

Dieser Prozess der Zerstörung und Wiedergeburt erfordert Mut. Er erfordert die Bereitschaft, sich dem Unbekannten zu stellen, Risiken einzugehen und zu akzeptieren, dass Fehler und Rückschläge Teil des Prozesses sind. Aber genau darin liegt die Kraft des Turms: die Fähigkeit, durch Zerstörung und Chaos Raum für Wachstum und Veränderung zu schaffen.

Wenn sich der Staub gelegt hat und der Turm gefallen ist, bleibt ein offener Raum zurück. Ein Raum voller Möglichkeiten und Potenziale. Ein Raum, in dem man neue Wege gehen, neue Perspektiven einnehmen und eine neue Vision für sein Leben entwickeln kann.

Diese neue Perspektive, diese neue Art zu sehen und zu sein, nimmst du mit, wenn du dich wieder auf den Weg zum Tor machst. Mit jedem Schritt fühlst du dich erfüllter und freier, stärker und mutiger. Du hast eine kraftvolle Lektion gelernt, die du in deinem täglichen Leben anwenden kannst.

Schließlich erreichst du das Tor und gehst hindurch, zurück in den magischen Wald. Du trägst das Wissen und die Erfahrungen mit dir, die du in der Welt des Turms gesammelt hast.

Mit jedem Schritt, den du in die Zukunft machst, bist du bereit, diese Lektionen zu nutzen und dein Leben so zu verändern, dass du deinem wahren, authentischen Selbst näher kommst. Du hast die Kraft des Turms in dir und bist bereit, sie zu nutzen, um die Kontrolle über dein Leben zu übernehmen und die Zukunft zu gestalten, die du dir wünschst.

******

Du schlenderst noch ein wenig durch den Wald und genießt die friedliche Atmosphäre, als du auf einmal eine Kartenlegerin am Wegesrand entdeckst.

Sie sitzt an einem kleinen Tisch, auf dem ein Deck Tarotkarten ausgebreitet ist. Dir fällt auf, dass die Tarotkarte "Der Turm" direkt vor ihr liegt.

Die Kartenlegerin schaut auf und bemerkt dein Interesse. Sie gibt dir ein Zeichen und lächelt dich freundlich an. Du gehst auf sie zu und sie beginnt, dir die Deutung der Karte "Der Turm" noch einmal zu erklären, damit du sie dir besser einprägen und bei zukünftigen Legungen wieder abrufen kannst.

Die Kartenlegerin geht auf die verschiedenen Deutungen der Karte ein:

- **Befreiung von Begrenzungen:** Der Turm symbolisiert die Befreiung von Begrenzungen und Einschränkungen, die durch Klarheit und Erkenntnis erreicht werden kann.

- **Veränderung und Transformation:** Die Karte steht auch für Veränderung und Transformation, die durch neue Perspektiven und Möglichkeiten möglich werden.

- **Krise als Chance:** Wenn diese Karte in deiner Legung auftaucht, erinnert sie dich daran, dass es manchmal einer Krise bedarf, um sich von alten Mustern zu befreien und Platz für Wachstum und Neuanfang zu schaffen.

- **Schock und Zerstörung, Chaos und Verwirrung:** Diese Karte zeigt, dass manchmal erst durch Schock und Zerstörung, Chaos und Verwirrung neue Perspektiven entstehen können.

Nachdem dir die Kartenlegerin diese Deutungen erklärt hat, bedankst du dich bei ihr und gehst weiter durch den Wald.

Du spürst die kraftvollen Energien, die du in der Fantasiereise und im Gespräch mit der Kartenlegerin erfahren hast. Du weißt nun, wie du die Deutungen der Karte nutzen kannst, um dein Leben in eine positive Richtung zu lenken.

******

Und so wird es langsam Zeit, die Reise für heute zu beenden. Da taucht auch schon wieder der Eingang mit den 2 mystischen Steinsäulen und der Treppe auf.

Du gehst durch das Steintor und die Treppe wieder hinunter. Mit jeder Treppenstufe kommst du mehr und mehr im Hier und Jetzt an und bist dir bewusst, dass du die gelernten Deutungen der Karte bei dir trägst, um sie jederzeit abrufen zu können.

Fantasiereise zur Tarotkarte „Der Stern"

Um deine Fantasiereise zu beginnen, siehst du dich vor einer majestätischen Steintreppe stehen. Sie führt zu einem imposanten Steintor mit zwei mystischen Steinsäulen an den Seiten, die dir aus verschiedenen Tarotkarten bekannt sind. Dieses Tor stellt den Eingang zu einer magischen und geheimnisvollen Tarot Welt dar, die es zu erforschen gilt.

Mit jedem Schritt auf der Steintreppe lässt du die gewöhnliche Welt hinter dir. Du durchschreitest das Steintor und ein magischer Wald öffnet sich vor dir.

Du wanderst durch diesen magischen Wald und stehst auf einmal an einer Weggabelung. Ein uraltes Holzschild weist den Weg: In die eine Richtung geht es in die große Arkana, in die andere in die kleine Arkana des Tarot.

Die geheimnisvolle Aura der großen Arkana fasziniert dich und du beschließt, diesem Weg zu folgen.

Unterwegs entdeckst du seltsame Pilze, leuchtende, mystische Blumen und schließlich ein magisches Tor, das fest verschlossen ist. Es ist kunstvoll verziert und ein Griff lädt dich ein, es zu öffnen.

An der Seite des Tores findest du ein kleines Feld, in das du eine Zahl eintragen kannst. Du gibst die Zahl 17 ein, die für die Tarotkarte "Der Stern" steht, und wie von Zauberhand erscheint das Bildmotiv dieser Karte auf dem Tor.

Sobald du durch das Tor trittst, scheint die Welt um dich herum in einem fast übernatürlichen Licht zu erstrahlen. Du stehst auf einem offenen Feld unter einem sternenklaren Himmel.

Die Luft ist erfrischend und belebend, und du spürst ein Gefühl von Klarheit und Ruhe, das dich von innen durchströmt.

Am Rande des Feldes siehst du eine Frau an einem kleinen, klaren Bach sitzen. Sie ist nackt und ihr Haar glänzt im Licht der Sterne. Sie blickt nach oben, als kommuniziere sie mit den Sternen, und ihre Augen strahlen eine ruhige Zuversicht und innere Weisheit aus. Sie ist der Stern, die Verkörperung von Hoffnung, Inspiration und geistiger Entwicklung.

Vorsichtig näherst du dich ihr und sie lächelt dich einladend an. "Willkommen", sagt sie leise, "ich bin der Stern. Ich bin hier, um dir zu zeigen, dass es immer Hoffnung gibt und dass wir alle in der Lage sind, unser eigenes Licht zu finden und zu strahlen."

Du setzt dich neben sie und schaust die Sterne an. Die Frau beginnt von den Sternen und ihrer Bedeutung zu erzählen. Sie erklärt, dass jeder Stern ein Symbol der Hoffnung ist, ein Beweis dafür, dass es auch in der dunkelsten Nacht immer Licht gibt.

Sie spricht von Inspiration, wie wir sie aus den Herausforderungen und Freuden des Lebens schöpfen können. Sie spricht von spiritueller Entwicklung und davon, wie wir uns ständig verändern und wachsen, angetrieben von unserer inneren Weisheit und Erkenntnis.

In ihren Worten spürst du eine tiefe Harmonie und Frieden. Es ist, als würde sie nicht nur über die Sterne sprechen, sondern auch über dich. Sie lehrt dich, auf deine innere Stimme zu hören und deine eigene Weisheit zu erkennen. Sie ermutigt dich, deinem eigenen Licht zu vertrauen und es in die Welt zu tragen.

Nach diesen Worten richtet sie sich auf und steht vor dir. Ihre Augen sind immer noch auf den Sternenhimmel gerichtet. "Komm", sagt sie und streckt dir die Hand entgegen. Zögernd nimmst du sie.

Sie führt dich zu einem kleinen, stillen Teich, der das Licht der Sterne reflektiert. "Siehst du das?", fragt sie und zeigt auf die spiegelnde Wasseroberfläche. "Das bist du. Das Licht, das du siehst, ist das Licht in dir. Es ist immer da, auch wenn du es nicht sehen kannst. Es leuchtet hell, voller Hoffnung und Möglichkeiten."

Du starrst in den Teich, fasziniert von deinem eigenen Spiegelbild, das von den Sternen beleuchtet wird. Es ist, als sähest du dich in einem neuen Licht, einem Licht der Erkenntnis und der Inspiration.

"Jetzt", sagt die Frau, "möchte ich, dass du dir etwas vorstellst. Stell dir vor, du bist in einer Situation, die dich herausfordert. Es könnte eine schwierige Entscheidung sein, ein Konflikt, den du lösen musst, oder ein Ziel, das du erreichen möchtest.

Stell dir diese Situation vor und sieh, wie das Licht der Sterne sie durchdringt. Sieh, wie dieses Licht Klarheit bringt, wie es die Schatten vertreibt und dir einen Weg zeigt. Sieh, wie dieses Licht dir Hoffnung gibt und dich inspiriert, deinen eigenen Weg zu gehen".

Du schließt die Augen und stellst dir diese Situation vor. Du siehst dich selbst inmitten der Herausforderung, aber anstatt Angst oder Verzweiflung zu empfinden, siehst du dich mit Klarheit und Ruhe. Du siehst, wie das Licht der Sterne dich durchdringt, dir den Weg weist und dir die Kraft gibt, weiterzumachen. Du fühlst dich ermutigt, zuversichtlich und voller Hoffnung.

Als du die Augen wieder öffnest, siehst du dein Spiegelbild im Teich, immer noch von den Sternen beleuchtet. Du siehst dich selbst mit neuen Augen, als einen Menschen voller Licht und Möglichkeiten. Mit dieser neuen Perspektive gehst du durch das Tor zurück in den Wald, bereit, dein eigenes Licht zu entdecken und zu teilen.

******

Du schlenderst noch ein wenig durch den Wald und genießt die friedliche Atmosphäre, als du auf einmal eine Kartenlegerin am Wegesrand entdeckst.

Sie sitzt an einem kleinen Tisch, auf dem ein Deck Tarotkarten ausgebreitet ist. Dir fällt auf, dass die Tarotkarte "Der Stern" direkt vor ihr liegt. Die Kartenlegerin schaut auf und bemerkt dein Interesse.

Sie gibt dir ein Zeichen und lächelt dich freundlich an. Du gehst auf sie zu und sie beginnt, dir die Deutung der Karte "Der Stern" noch einmal zu erklären, damit du sie dir besser einprägen und bei zukünftigen Legungen wieder abrufen kannst.

Die Kartenlegerin geht auf die verschiedenen Deutungen der Karte ein:

- **Hoffnung und Inspiration:** Der Stern symbolisiert Hoffnung und Inspiration, die durch Klarheit und Erkenntnis erreicht werden können.

- **Spirituelle Entwicklung und Erleuchtung:** Die Karte steht auch für spirituelle Entwicklung und Erleuchtung, die durch Harmonie und Frieden möglich sind.

- **Fokus auf das Positive und das Licht:** Wenn diese Karte in deiner Legung erscheint, erinnert sie dich daran, dich auf das Positive und das Licht zu konzentrieren.

Nachdem dir die Kartenlegerin diese Deutungen erklärt hat, bedankst du dich bei ihr und gehst weiter durch den Wald.

Du spürst die kraftvollen Energien, die du in der Fantasiereise und im Gespräch mit der Kartenlegerin erfahren hast. Du weißt nun, wie du die Deutungen der Karte nutzen kannst, um dein Leben in eine positive Richtung zu lenken.

$$* * * * * *$$

Und so wird es langsam Zeit, die Reise für heute zu beenden. Da taucht auch schon wieder der Eingang mit den 2 mystischen Steinsäulen und der Treppe auf.

Du gehst durch das Steintor und die Treppe wieder hinunter. Mit jeder Treppenstufe kommst du mehr und mehr im Hier und Jetzt an und bist dir bewusst, dass du die gelernten Deutungen der Karte bei dir trägst, um sie jederzeit abrufen zu können.

Fantasiereise zur Tarotkarte „Der Mond"

Um deine Fantasiereise zu beginnen, siehst du dich vor einer majestätischen Steintreppe stehen. Sie führt zu einem imposanten Steintor mit zwei mystischen Steinsäulen an den Seiten, die dir aus verschiedenen Tarotkarten bekannt sind. Dieses Tor stellt den Eingang zu einer magischen und geheimnisvollen Tarot Welt dar, die es zu erforschen gilt.

Mit jedem Schritt auf der Steintreppe lässt du die gewöhnliche Welt hinter dir. Du durchschreitest das Steintor und ein magischer Wald öffnet sich vor dir.

Du wanderst durch diesen magischen Wald und stehst auf einmal an einer Weggabelung. Ein uraltes Holzschild weist den Weg: In die eine Richtung geht es in die große Arkana, in die andere in die kleine Arkana des Tarot.

Die geheimnisvolle Aura der großen Arkana fasziniert dich und du beschließt, diesem Weg zu folgen.

Unterwegs entdeckst du seltsame Pilze, leuchtende, mystische Blumen und schließlich ein magisches Tor, das fest verschlossen ist. Es ist kunstvoll verziert und ein Griff lädt dich ein, es zu öffnen.

An der Seite des Tores findest du ein kleines Feld, in das du eine Zahl eintragen kannst. Du gibst die Zahl 18 ein, die für die Tarotkarte "Der Mond" steht, und wie von Zauberhand erscheint das Bildmotiv dieser Karte auf dem Tor.

Du durchschreitest das Tor und betrittst eine Welt, die von der leuchtenden Präsenz des Mondes beherrscht wird. Eine wie mit Silber überzogene Landschaft breitet sich vor dir aus.

Inmitten dieser stillen Welt entdeckst du einen klaren, ruhigen See, dessen Oberfläche das Mondlicht reflektiert. Die Umgebung ist ruhig, aber es liegt eine seltsame Unruhe in der Luft, ein Gefühl der Unsicherheit, das dich zögern lässt.

Neben dir ist ein Pfad, ein schmaler Weg, flankiert von einem Hund und einem Wolf. Die beiden Tiere, Symbole deiner zahmen und wilden Instinkte, schauen dich an, als warteten sie auf deine Entscheidung, den Pfad zu betreten. Der Pfad scheint dich ins Unbekannte zu führen und deine Ängste steigen steigen auf.

Du fühlst dich vom See angezogen und setzt dich an sein Ufer. Während du das sanfte Glitzern des Wassers betrachtest, spürst du eine tiefe Unruhe in dir. Es ist, als würden die Stille des Sees und das silberne Licht des Mondes deine verborgenen Gefühle und Gedanken verstärken, sie an die Oberfläche deines Bewusstseins ziehen.

Mit geschlossenen Augen erlaubst du dir, dich diesen aufsteigenden Gefühlen zu öffnen. Du fühlst deine Ängste und Unsicherheiten, deine verborgenen Sehnsüchte und Träume und erkennst, dass sie alle ein Teil von dir sind, ein Teil deines Inneren. Sie sind wie der Krebs, der aus der Tiefe des Sees auftaucht - instinktive, mächtige Gefühle, die gesehen und verstanden werden wollen.

In diesem Moment der Stille und des Nachdenkens wird dir bewusst, dass du eine Wahl hast. Du kannst dich deinen Ängsten stellen, dich deinen verborgenen Gefühlen stellen, oder du kannst sie ignorieren und den schmalen Pfad unberührt lassen.

Mit dieser Erkenntnis öffnest du die Augen und stehst auf. Du blickst auf den Hund und den Wolf, auf deine helfenden und warnenden Instinkte und machst den ersten Schritt auf dem Weg. Du weißt, dass dieser Weg dich durch deine Ängste hindurch zur Sonne führen wird, dem Symbol des Guten, des Schönen und der Erleuchtung.

Du gehst weiter, geleitet von deinem Mut und deiner Intuition, und du spürst, wie sich die kühle Präsenz des Mondes in eine wärmere, freundlichere Energie verwandelt. Du fühlst dich erneuert und gestärkt, als hättest du durch die Begegnung und das Akzeptieren deiner Ängste eine tiefere Verbindung zu dir selbst und zur Welt um dich herum gefunden.

Nach einer Weile erreichst du das Ende des Weges und stehst vor einem Feld voller Sonnenblumen. Das Licht der Sonne bricht durch den Mond und du fühlst, wie eine Welle der Freude und des Optimismus dich durchströmt.

Die Wärme der Sonne und die Lebendigkeit der Sonnenblumen symbolisieren die Wandlung, die du durchgemacht hast, von der Konfrontation mit deinen Ängsten hin zu Akzeptanz und Frieden.

Du blickst zurück auf den Weg, den du gegangen bist und erinnerst dich an die dunklen Momente der Unsicherheit, an die Zeiten, in denen du tief in deine Seele eingetaucht bist, um deine Ängste anzuschauen und zu verstehen.

Du erinnerst dich daran, wie du dich von ihnen hast leiten lassen, und du erkennst jetzt, dass diese Ängste nicht dein Feind sind, sondern ein Teil von dir, der dich zu deiner wahren Stärke führt.

Jetzt blickst du nach vorne in deine Zukunft.

Du siehst dich selbst, wie du dich jedes Mal, wenn du dich ängstlich oder unsicher fühlst, an den stillen See und die reflektierende Dunkelheit erinnerst, die deine eigene Stärke offenbarte. Du erlaubst dir, deine Gefühle zu fühlen, anstatt sie zu unterdrücken, und du lernst, dass du die Kontrolle darüber hast, wie du auf deine Ängste reagierst.

Du beginnst, deine Ängste als Chance zur Selbstreflexion und persönlichen Entwicklung zu sehen. Anstatt dich vor ihnen zu verstecken, stellst du dich ihnen mit Mut und Akzeptanz. Du lernst, dass es in Ordnung ist, Angst zu haben und dass du immer die Kraft hast, dich deinen Ängsten zu stellen und sie zu überwinden.

Und so beginnst du inmitten deiner täglichen Herausforderungen und Ängste zu wachsen und dich zu verändern. Du erkennst, dass du stärker bist, als du dachtest, und dass du die Fähigkeit hast, deine Ängste in eine Quelle der Kraft und Weisheit zu verwandeln.

Mit diesem Bewusstsein und dem Blick auf deine Zukunft bist du nun bereit, die Welt des Mondes zu verlassen. Du gehst durch das Tor und bist wieder im magischen Wald.

******

Du schlenderst noch ein wenig durch den Wald und genießt die friedliche Atmosphäre, als du auf einmal eine Kartenlegerin am Wegesrand entdeckst.

Sie sitzt an einem kleinen Tisch, auf dem ein Deck Tarotkarten ausgebreitet ist. Dir fällt auf, dass die Tarotkarte "Der Mond" direkt vor ihr liegt.

Die Kartenlegerin schaut auf und bemerkt dein Interesse. Sie gibt dir ein Zeichen und lächelt dich freundlich an. Du gehst auf sie zu und sie beginnt, dir die Deutung der Karte "Der Mond" noch einmal zu erklären, damit du sie dir besser einprägen und bei zukünftigen Legungen wieder abrufen kannst.

Die Kartenlegerin geht auf die verschiedenen Deutungen der Karte ein:

- **Intuition und Sensibilität:** Die Karte Mond symbolisiert Intuition und Sensibilität, die durch Kreativität und Fantasie unterstützt werden können.

- **Selbstreflexion und Bewusstwerdung:** Die Karte steht auch für Selbstreflexion und Bewusstwerdung, die durch die Verbindung mit dem Unbewussten und Spirituellen möglich werden.

- **Unsicherheit, emotionale Instabilität und Angst:** Wenn diese Karte in deiner Legung erscheint, erinnert sie dich daran, dich auf dein Inneres zu konzentrieren und deine Gefühle und Gedanken zu erforschen.

Nachdem dir die Kartenlegerin diese Deutungen erklärt hat, bedankst du dich bei ihr und gehst weiter durch den Wald.

Du spürst die kraftvollen Energien, die du in der Fantasiereise und im Gespräch mit der Kartenlegerin erfahren hast. Du weißt nun, wie du die Deutungen der Karte nutzen kannst, um dein Leben in eine positive Richtung zu lenken.

******

Und so wird es langsam Zeit, die Reise für heute zu beenden. Da taucht auch schon wieder der Eingang mit den 2 mystischen Steinsäulen und der Treppe auf.

Du gehst durch das Steintor und die Treppe wieder hinunter. Mit jeder Treppenstufe kommst du mehr und mehr im Hier und Jetzt an und bist dir bewusst, dass du die gelernten Deutungen der Karte bei dir trägst, um sie jederzeit abrufen zu können.

Fantasiereise zur Tarotkarte „Die Sonne"

Um deine Fantasiereise zu beginnen, siehst du dich vor einer majestätischen Steintreppe stehen. Sie führt zu einem imposanten Steintor mit zwei mystischen Steinsäulen an den Seiten, die dir aus verschiedenen Tarotkarten bekannt sind. Dieses Tor stellt den Eingang zu einer magischen und geheimnisvollen Tarot Welt dar, die es zu erforschen gilt.

Mit jedem Schritt auf der Steintreppe lässt du die gewöhnliche Welt hinter dir. Du durchschreitest das Steintor und ein magischer Wald öffnet sich vor dir.

Du wanderst durch diesen magischen Wald und stehst auf einmal an einer Weggabelung. Ein uraltes Holzschild weist den Weg: In die eine Richtung geht es in die große Arkana, in die andere in die kleine Arkana des Tarot.

Die geheimnisvolle Aura der großen Arkana fasziniert dich und du beschließt, diesem Weg zu folgen.

Unterwegs entdeckst du seltsame Pilze, leuchtende, mystische Blumen und schließlich ein magisches Tor, das fest verschlossen ist. Es ist kunstvoll verziert und ein Griff lädt dich ein, es zu öffnen.

An der Seite des Tores findest du ein kleines Feld, in das du eine Zahl eintragen kannst. Du gibst die Zahl 19 ein, die für die Tarotkarte "Die Sonne" steht, und wie von Zauberhand erscheint das Bildmotiv dieser Karte auf dem Tor.

Mit jedem Schritt durch das Tor spürst du die warme Brise auf deiner Haut und das gleißende Sonnenlicht, das deinen Weg erhellt. Die Sonnenstrahlen durchdringen deinen Körper, erfüllen dich mit Energie und Lebenskraft. Du atmest tief durch und lässt dich von der Wärme der Sonne von innen heraus wärmen.

Ein Lächeln huscht über dein Gesicht, als du die Welt der Sonne betrittst.

Eine Welt, die von strahlendem Gold und hellblauem Himmel beherrscht wird. Über dir breitet sich ein endloses Himmelsmeer aus, in dessen Mitte die Sonne steht - strahlend, warm, voller Energie und Lebensfreude. Um dich herum siehst du blühende Felder, die in der Sonne glänzen, und hörst das Lachen spielender Kinder in der Ferne.

Eine Frau kommt auf dich zu. Sie ist umgeben von einer Aura aus goldenem Licht, und ihr Lächeln strahlt eine warme Freundlichkeit aus. "Willkommen in der Welt der Sonne", sagt sie und streckt dir ihre Hand entgegen. Du nimmst ihre Hand und spürst, wie eine Welle von Wärme und Energie deinen Körper durchströmt.

"Die Sonne steht für Erfolg und Erfüllung, aber sie ist auch ein Symbol für Vitalität und Energie", erklärt sie. "Sie erinnert uns daran, wie wichtig es ist, unser Leben mit Liebe und Freude zu füllen, und sie ermutigt uns, Optimismus und Positivität zu kultivieren."

Sie führt dich zu einer Lichtung, auf der eine Gruppe von Menschen tanzt und lacht. Sie laden dich ein, dich ihnen anzuschließen, und du findest dich in einem Tanz der Freude und Lebenslust wieder. Während du dich bewegst, spürst du, wie die Energie der Sonne dich erfüllt, dich befreit und dir Kraft gibt.

"Das ist die Energie der Sonne", sagt die Frau. "Sie verhilft uns zu Klarheit und Einsicht und gibt uns die Kraft, unsere Ziele zu erreichen."

Schließlich führt sie dich zu einer Bank, wo du dich hinsetzt und die warmen Sonnenstrahlen auf deiner Haut genießt. Du fühlst dich erfrischt, erneuert, voller Energie und Lebensfreude. Und du weißt, dass du diese Energie und dieses Gefühl mit in dein Leben nehmen kannst.

"Siehst du das da drüben?", fragt die Frau und zeigt auf die ferne Szenerie, die sich vor dem strahlend blauen Himmel abzeichnet. Dort, wo sie hinweist, ist ein Feld voller leuchtend gelber Sonnenblumen zu sehen, die in der Sonne glänzen - ein Symbol für eine glückliche, sonnige Zeit. Sie wiegen sich sanft im Wind, als tanzten sie zur Musik der Freude.

In der Mitte dieses Feldes ist ein strahlend weißgraues Pferd zu sehen. Es steht für Reinheit und Frieden, seine neutrale Farbe erinnert daran, dass es in der Welt der Sonne keine Vorurteile und keine Negativität gibt. Auf dem Rücken des Pferdes sitzt ein fröhliches nacktes Kind. Seine nackte Haut glänzt im Sonnenlicht und verkörpert die Geburt des Neuen, die Hingabe an das Leben und die reine Freude.

Das Kind hält eine rote Fahne in der Hand und schwenkt sie mit Begeisterung, als würde es die Freude und Kraft der Sonne in die Welt tragen. Dieses Bild unbeschwerter Freude und jugendlicher Energie zaubert einem ein Lächeln ins Gesicht. Es ist eine unbeschwerte Szene, die an die Schönheit des Lebens erinnert.

"Das ist das Wesen der Sonne", erklärt die Frau. "Die sonnige Zeit, die Bejahung des Lebens, die Sorglosigkeit, die Freude... all das kannst du in deinem Leben kultivieren. Du kannst dich wie neugeboren fühlen, wenn du die Energie der Sonne in dein Herz lässt".

Du nimmst dir vor, in den folgenden Wochen die Lektionen und Energien, die du in der Welt der Sonne gelernt hast, zu nutzen, um dein Leben zu bereichern. Du möchtest jeden Morgen eine kurze Meditation machen, in der du dir vorstellst, in einem Feld voller Sonnenblumen zu stehen, begleitet von einem strahlenden Pferd und mit der unbeschwerten Freude eines Kindes im Herzen. Du erinnerst dich an die Kraft und Freude, die das Kind mit der roten Fahne ausstrahlt und versuchst, diese Energie in deinen Alltag zu integrieren.

Dann wirst du Veränderungen in deinem Leben bemerken. Du wirst dich energiegeladener, positiver und erfüllter fühlen. Du wirst feststellen, dass du klarere Einsichten hast und erfolgreicher bist, wenn du die Dinge mit einem Geist der Lebensbejahung und Freude angehst. Du fühlst dich wie neugeboren, erfüllt von einer unbeschwerten, sonnigen Energie, die dich durch dein Leben trägt.

Mit dieser wunderbaren Vorstellung und der Energie der Sonne im Gepäck bist du nun bereit, die Welt der Sonne für heute zu verlassen und durch das Tor zurück in den magischen Wald zu gehen.

******

Du schlenderst noch ein wenig durch den Wald und genießt die friedliche Atmosphäre, als du auf einmal eine Kartenlegerin am Wegesrand entdeckst.

Sie sitzt an einem kleinen Tisch, auf dem ein Deck Tarotkarten ausgebreitet ist. Dir fällt auf, dass die Tarotkarte "Die Sonne" direkt vor ihr liegt.

Die Kartenlegerin schaut auf und bemerkt dein Interesse. Sie gibt dir ein Zeichen und lächelt dich freundlich an. Du gehst auf sie zu und sie beginnt, dir die Deutung der Karte "Die Sonne" noch einmal zu erklären, damit du sie dir besser einprägen und bei zukünftigen Legungen wieder abrufen kannst.

Die Kartenlegerin geht auf die verschiedenen Deutungen der Karte ein:

- **Erfolg und Erfüllung:** Die Sonne symbolisiert Erfolg und Erfüllung, die durch Klarheit und Einsicht erreicht werden können.

- **Vitalität und Energie:** Die Sonne steht auch für Vitalität und Energie, die durch Optimismus und Freude unterstützt werden können.

- **Wärme und Liebe:** Wenn diese Karte in deiner Legung erscheint, erinnert sie dich daran, wie wichtig es ist, dein Leben mit Wärme und Liebe zu füllen.

Nachdem dir die Kartenlegerin diese Deutungen erklärt hat, bedankst du dich bei ihr und gehst weiter durch den Wald.

Du spürst die kraftvollen Energien, die du in der Fantasiereise und im Gespräch mit der Kartenlegerin erfahren hast. Du weißt nun, wie du die Deutungen der Karte nutzen kannst, um dein Leben in eine positive Richtung zu lenken.

******

Und so wird es langsam Zeit, die Reise für heute zu beenden. Da taucht auch schon wieder der Eingang mit den 2 mystischen Steinsäulen und der Treppe auf.

Du gehst durch das Steintor und die Treppe wieder hinunter. Mit jeder Treppenstufe kommst du mehr und mehr im Hier und Jetzt an und bist dir bewusst, dass du die gelernten Deutungen der Karte bei dir trägst, um sie jederzeit abrufen zu können.

Fantasiereise zur Tarotkarte „Gericht"

Um deine Fantasiereise zu beginnen, siehst du dich vor einer majestätischen Steintreppe stehen. Sie führt zu einem imposanten Steintor mit zwei mystischen Steinsäulen an den Seiten, die dir aus verschiedenen Tarotkarten bekannt sind. Dieses Tor stellt den Eingang zu einer magischen und geheimnisvollen Tarot Welt dar, die es zu erforschen gilt.

Mit jedem Schritt auf der Steintreppe lässt du die gewöhnliche Welt hinter dir. Du durchschreitest das Steintor und ein magischer Wald öffnet sich vor dir.

Du wanderst durch diesen magischen Wald und stehst auf einmal an einer Weggabelung. Ein uraltes Holzschild weist den Weg: In die eine Richtung geht es in die große Arkana, in die andere in die kleine Arkana des Tarot.

Die geheimnisvolle Aura der großen Arkana fasziniert dich und du beschließt, diesem Weg zu folgen.

Unterwegs entdeckst du seltsame Pilze, leuchtende, mystische Blumen und schließlich ein magisches Tor, das fest verschlossen ist. Es ist kunstvoll verziert und ein Griff lädt dich ein, es zu öffnen.

An der Seite des Tores findest du ein kleines Feld, in das du eine Zahl eintragen kannst. Du gibst die Zahl 20 ein, die für die Tarotkarte "Gericht" steht, und wie von Zauberhand erscheint das Bildmotiv dieser Karte auf dem Tor.

Du trittst durch das Tor in eine Welt, die anders ist als alles, was du bisher gesehen hast. Vor dir erstreckt sich eine weite Ebene, so weit das Auge reicht, und in der Ferne siehst du die Silhouette eines großen Engels.

Er steht auf einer Wolke und hält eine riesige Posaune in den Händen. Du fühlst eine tiefe Ehrfurcht in dir aufsteigen, während du seinen majestätischen Anblick betrachtest.

Als du dich der Ebene näherst, bemerkst du, dass sie nicht leer ist. Über die ganze Ebene verstreut liegen Gräber, einige alt und verwittert, andere neuer und weniger verwittert. In jedem dieser Gräber liegt ein nackter Mensch, still und reglos, als würde er schlafen.

Ein Gefühl des Unbehagens überkommt dich, aber du erinnerst dich an den Engel und seinen Auftrag. Du begreifst, dass diese Menschen, die in ihren Gräbern liegen, nicht tot sind. Sie warten nur darauf, erweckt zu werden. Es sind schlafende Energien, die darauf warten, wieder zum Leben erweckt zu werden. Sie repräsentieren die Vergangenheit, die verborgenen und oft unverarbeiteten Teile von uns, unsere "Leichen im Keller".

Mit dieser Erkenntnis schließt du die Augen und konzentrierst dich auf das Gefühl des Rufes in dir. Du spürst eine tiefe Sehnsucht, diese schlafenden Energien zu wecken, sie aus ihren Gräbern zu holen und ihnen eine neue Chance zu geben.

Plötzlich hörst du den Posaunenklang. Es ist ein tiefer, mächtiger Ton, der die Luft erzittern lässt und bis in die entlegensten Winkel der Ebene dringt. Du öffnest die Augen und siehst die Menschen aus ihren Gräbern steigen. Sie sind verwirrt und verängstigt, aber auch voller Hoffnung. Sie schauen zu dem Engel auf, der sie mit einer liebevollen und ermutigenden Geste begrüßt.

Du siehst, wie sich die Menschen bewegen. Sie strecken ihre Glieder, schütteln den Staub der Vergangenheit ab und beginnen, auf den Engel zuzugehen. Es ist, als würden sie auf eine unsichtbare Melodie reagieren, eine Melodie, die sie zum Handeln auffordert und sie ermutigt, ihre Vergangenheit hinter sich zu lassen und ein neues Leben zu beginnen.

Diese Szene erinnert dich an die Bedeutung von Erneuerung und Heilung. Du erkennst, dass jeder von uns Gräber hat, die darauf warten, geöffnet zu werden, und dass wir alle die Chance haben, uns von den Fesseln unserer Vergangenheit zu befreien und ein neues, erfülltes Leben zu beginnen.

Mit einem tiefen Gefühl der Erleichterung und Hoffnung siehst du, wie die Menschen auf den Engel zugehen. Du weißt, dass auch du deine eigenen Gräber hast, deine eigenen schlafenden Energien, die darauf warten, geweckt zu werden. Und mit dem Klang der Posaune in deinen Ohren machst du deinen ersten Schritt zu deiner eigenen Erneuerung und Heilung.

Du trittst zu den Menschen auf der Ebene, die nun alle erwacht sind. Sie schauen dich mit offenen, ehrlichen Augen an, nackt in ihrer Verletzlichkeit, aber auch in ihrer Hoffnung. Du spürst ihren Schmerz und ihre Angst, ihre Trauer und ihre Hoffnung. Sie sind wie du, gepeinigt von ihren Gräbern und doch bereit, daraus aufzustehen und neu zu beginnen.

Mit jeder Bewegung, die du machst, mit jedem Atemzug, den du nimmst, spürst du, wie deine eigenen verborgenen Energien zu erwachen beginnen. Deine Vergangenheit, deine Ängste und Zweifel, deine Traurigkeit und Unsicherheit, sie alle beginnen zu vibrieren, erwachen durch den Klang der Posaune.

Du spürst einen tiefen Wandel in dir. Es ist, als ob die Mauern deines eigenen Grabes zu bröckeln beginnen, als ob das Licht der Erneuerung in deine dunkelsten Ecken scheint. Du fühlst dich leichter, freier, als hättest du eine schwere Last abgeworfen, von der du nicht einmal wusstest, dass du sie trägst.

Und dann, fast ohne dass du es merkst, beginnst du, dich aus deinem Grab zu erheben. Du schüttelst den Staub der Vergangenheit ab und trittst ins Licht des neuen Tages, wach und erneuert, bereit, deinen eigenen Weg der Erlösung zu gehen.

Du blickst auf den Engel, der noch immer auf seiner Wolke steht und in seine Posaune bläst. Sein Ruf hallt in dir wider, ein beständiger, kraftvoller Klang, der dich immer weiter treibt. Mit jedem Schritt, den du machst, spürst du, wie du stärker und selbstbewusster wirst, wie du endlich bereit bist, deiner Vergangenheit ins Auge zu sehen und sie zu heilen.

Du gehst mit einem Lächeln im Gesicht. Du weißt, dass der Weg der Heilung und Erneuerung nicht immer einfach sein wird, dass es Rückschläge und Herausforderungen geben wird. Aber du weißt auch, dass du jetzt die Kraft hast, sie zu überwinden.

Und so gehst du voller Zuversicht durch das Tor zurück in den magischen Wald.

******

Du schlenderst noch ein wenig durch den Wald und genießt die friedliche Atmosphäre, als du auf einmal eine Kartenlegerin am Wegesrand entdeckst.

Sie sitzt an einem kleinen Tisch, auf dem ein Deck Tarotkarten ausgebreitet ist. Dir fällt auf, dass die Tarotkarte "Gericht" direkt vor ihr liegt.

Die Kartenlegerin schaut auf und bemerkt dein Interesse. Sie gibt dir ein Zeichen und lächelt dich freundlich an. Du gehst auf sie zu und sie beginnt, dir die Deutung der Karte "Gericht" noch einmal zu erklären, damit du sie dir besser einprägen und bei zukünftigen Legungen wieder abrufen kannst.

Die Kartenlegerin geht auf die verschiedenen Deutungen der Karte ein:

- **Erneuerung und Verwandlung:** Die Karte erinnert dich daran, dass Wiedergeburt und Neuanfang möglich sind und Veränderungen in deinem Leben stattfinden können.

- **Gerechtigkeit und Klarheit:** Die Karte steht für die Befreiung von Altlasten und Blockaden, die dir helfen, deine Lebenssituation klarer zu verstehen.

- **Entscheidungen und Veränderungen:** Die Karte zeigt an, dass es an der Zeit ist, Entscheidungen zu treffen und Veränderungen in deinem Leben zuzulassen.

Nachdem dir die Kartenlegerin diese Deutungen erklärt hat, bedankst du dich bei ihr und gehst weiter durch den Wald.

Du spürst die kraftvollen Energien, die du in der Fantasiereise und im Gespräch mit der Kartenlegerin erfahren hast. Du weißt nun, wie du die Deutungen der Karte nutzen kannst, um dein Leben in eine positive Richtung zu lenken.

******

Und so wird es langsam Zeit, die Reise für heute zu beenden. Da taucht auch schon wieder der Eingang mit den 2 mystischen Steinsäulen und der Treppe auf.

Du gehst durch das Steintor und die Treppe wieder hinunter. Mit jeder Treppenstufe kommst du mehr und mehr im Hier und Jetzt an und bist dir bewusst, dass du die gelernten Deutungen der Karte bei dir trägst, um sie jederzeit abrufen zu können.

Fantasiereise zur Tarotkarte „Die Welt"

Um deine Fantasiereise zu beginnen, siehst du dich vor einer majestätischen Steintreppe stehen. Sie führt zu einem imposanten Steintor mit zwei mystischen Steinsäulen an den Seiten, die dir aus verschiedenen Tarotkarten bekannt sind. Dieses Tor stellt den Eingang zu einer magischen und geheimnisvollen Tarot Welt dar, die es zu erforschen gilt.

Mit jedem Schritt auf der Steintreppe lässt du die gewöhnliche Welt hinter dir. Du durchschreitest das Steintor und ein magischer Wald öffnet sich vor dir.

Du wanderst durch diesen magischen Wald und stehst auf einmal an einer Weggabelung. Ein uraltes Holzschild weist den Weg: In die eine Richtung geht es in die große Arkana, in die andere in die kleine Arkana des Tarot.

Die geheimnisvolle Aura der großen Arkana fasziniert dich und du beschließt, diesem Weg zu folgen.

Unterwegs entdeckst du seltsame Pilze, leuchtende, mystische Blumen und schließlich ein magisches Tor, das fest verschlossen ist. Es ist kunstvoll verziert und ein Griff lädt dich ein, es zu öffnen.

An der Seite des Tores findest du ein kleines Feld, in das du eine Zahl eintragen kannst. Du gibst die Zahl 21 ein, die für die Tarotkarte "Die Welt" steht, und wie von Zauberhand erscheint das Bildmotiv dieser Karte auf dem Tor.

Du gehst durch das Tor und stehst am Rande einer Stadt, die in goldener Dämmerung liegt. Du siehst eine lange Straße, die sich endlos vor dir erstreckt und sich am Horizont verliert.

Die Schönheit des Anblicks lässt dich innehalten und die Weite der vor dir liegenden Landschaft betrachten.

Dein Blick gleitet noch einmal über die Stadt, die dir so lange ein Zuhause war. Sie hat dir Schutz und Geborgenheit gegeben, aber es war immer nur eine vorübergehende Zuflucht, nie ein Ort, an dem du dich wirklich zu Hause gefühlt hast. Es war nur eine Zwischenstation auf deiner Reise, auf der Suche nach dem Ort, der wirklich dein Zuhause ist.

Im Bewusstsein der bevorstehenden Reise schließt du die Augen und nimmst einen tiefen Atemzug, bevor du den ersten Schritt auf die Straße setzt. Jeder Schritt ist leicht, jeder Atemzug frei. Du fühlst dich befreit von den Fesseln der Vergangenheit, bereit, neue Horizonte zu erkunden, neue Erfahrungen zu sammeln und die Unendlichkeit der Welt zu erforschen.

Während du weiter gehst, taucht vor deinem inneren Auge das Bild einer Tarotkarte auf - die Karte Welt. Du siehst eine Frau, die lebhaft und voller Energie in der Mitte tanzt, umgeben von einem Kranz grüner Blätter. Sie ist umgeben von vier Figuren, die die vier Elemente repräsentieren und Ganzheit und Einheit symbolisieren. Das Bild ist so lebhaft und lebendig, dass es dich tief berührt und du erkennst, dass diese Karte deine innere Reise widerspiegelt.

In der nächsten Stadt, die du erreichst, siehst du das Bild der Karte überall um dich herum. In den Schaufenstern der Geschäfte, an den Wänden der Häuser, sogar in den Gesichtern der Menschen.

Die Karte scheint dich zu begleiten, dir zu folgen, dir Mut und Orientierung zu geben, wenn du unsicher bist oder dich verloren fühlst. Und jedes Mal, wenn du sie siehst, erinnert sie dich an dein eigentliches Ziel - deinen Platz in der Welt zu finden und mit dir selbst und dem Universum in Einklang zu sein.

Du reist durch Städte und Dörfer, erklimmst Berge und durchquerst Täler. Du triffst neue Freunde und entdeckst Orte, die du noch nie zuvor gesehen hast. Mit jedem Schritt fühlst du dich deinem Ziel näher. Und schließlich, nach vielen Tagen und Nächten der Reise, kommst du an deinem Ziel an.

Es ist ein kleines Dorf, eingebettet zwischen grünen Hügeln und saftigen Wiesen. Die Häuser sind aus Stein und Holz gebaut, alt und einladend, als hätten sie nur auf dich gewartet.

Du trittst über die Schwelle des ersten Hauses und sofort breitet sich ein Gefühl von Frieden und Zufriedenheit in dir aus. Die Gerüche, die Geräusche, die Atmosphäre - alles scheint seltsam vertraut und doch neu. Es ist, als wäre dieses Dorf schon immer dein Zuhause gewesen, dein Platz in der Welt.

In diesem Moment des stillen Erkennens und Annehmens findest du dich in der Weltkarte wieder. Du siehst die tanzende Frau, den grünen Kranz, die vier Elemente und verstehst nun die tiefere Bedeutung dieser Karte.

Sie steht nicht nur für das Ende einer physischen Reise, sondern auch für das Ende einer inneren Suche. Sie symbolisiert die Vollendung, Einheit und Harmonie, die du in dir selbst und in deinem äußeren Leben gefunden hast.

Nachdem du dein neues Zuhause erkundet hast, kehrst du zur Weltkarte zurück. Sie hat dich auf deiner Reise begleitet, sie war deine ständige Begleiterin und dein Wegweiser. Sie hat dich daran erinnert, dass du immer auf dem richtigen Weg bist, egal wie weit der Horizont auch scheinen mag. Sie hat dir die Kraft gegeben, weiterzumachen, auch wenn der Weg beschwerlich und die Hindernisse groß waren.

Du nimmst die Karte und siehst sie mit neuen Augen. Sie ist mehr als nur ein Bild auf einem Stück Papier, sie ist ein Symbol für deine Reise, deine Verwandlung und deine Ankunft. Sie steht für das Ende deiner Reise und den Beginn eines neuen Kapitels in deinem Leben.

Mit einem Lächeln auf den Lippen legst du die Karte beiseite und gehst wieder durch das Tor, zurück in die Welt, die du verlassen hast. Aber dieses Mal ist es anders. Du bist nicht mehr dieselbe Person, die du warst, als du das erste Mal durch das Tor gegangen bist. Du bist gereist, du hast gelernt, du hast dich verändert, du hast deinen Platz in der Welt gefunden.

Du kehrst in die Welt zurück mit einer neuen Perspektive, einer neuen Erfahrung und einem neuen Verständnis von dir selbst und der Welt um dich herum. Du trägst die Erkenntnisse und Lektionen des Tarot mit dir, bereit, sie in dein tägliches Leben zu integrieren. Du bist bereit, dein neues Leben zu leben, dein wahres Leben, dein Leben in Harmonie mit dir selbst und der Welt um dich herum.

Die Tarotkarte hat der Welt ihre Botschaft offenbart und du hast sie angenommen und integriert. Du bist angekommen, du hast deinen Platz gefunden. Mit dieser Erkenntnis gehst du durch das Tor und kehrst in den Wald zurück.

******

Du schlenderst noch ein wenig durch den Wald und genießt die friedliche Atmosphäre, als du auf einmal eine Kartenlegerin am Wegesrand entdeckst.

Sie sitzt an einem kleinen Tisch, auf dem ein Deck Tarotkarten ausgebreitet ist. Dir fällt auf, dass die Tarotkarte "Die Welt" direkt vor ihr liegt.

Die Kartenlegerin schaut auf und bemerkt dein Interesse. Sie gibt dir ein Zeichen und lächelt dich freundlich an. Du gehst auf sie zu und sie beginnt, dir die Deutung der Karte "Die Welt" noch einmal zu erklären, damit du sie dir besser einprägen und bei zukünftigen Legungen wieder abrufen kannst.

Die Kartenlegerin geht auf die verschiedenen Deutungen der Karte ein:

- **Vollendung und Erfüllung:** Die Karte erinnert dich daran, dass Harmonie und Frieden in deinem Leben möglich sind und du einen Zustand der Erfüllung erreichen kannst.

- **Ganzheit und Integration:** Die Karte symbolisiert die Fähigkeit, Erfolg und Belohnung zu erlangen, indem du alle Aspekte deines Selbst und deines Lebens integrierst.

- Verbundenheit mit der Welt und dem Universum: Die Karte zeigt, dass du deinen Platz gefunden hast und in Harmonie mit dir selbst und der Welt um dich herum bist.

Nachdem dir die Kartenlegerin diese Deutungen erklärt hat, bedankst du dich bei ihr und gehst weiter durch den Wald.

Du spürst die kraftvollen Energien, die du in der Fantasiereise und im Gespräch mit der Kartenlegerin erfahren hast. Du weißt nun, wie du die Deutungen der Karte nutzen kannst, um dein Leben in eine positive Richtung zu lenken.

****** ***

Und so wird es langsam Zeit, die Reise für heute zu beenden. Da taucht auch schon wieder der Eingang mit den 2 mystischen Steinsäulen und der Treppe auf.

Du gehst durch das Steintor und die Treppe wieder hinunter. Mit jeder Treppenstufe kommst du mehr und mehr im Hier und Jetzt an und bist dir bewusst, dass du die gelernten Deutungen der Karte bei dir trägst, um sie jederzeit abrufen zu können.

Bonusteil

Fantasiereise zu den 3 Karten:
Vergangenheit, Gegenwart und Zukunft

Nimm dir einen Moment Zeit, um dich bequem hinzusetzen oder hinzulegen und eine Position zu finden, in der du dich völlig entspannen kannst.

Schließe die Augen und atme tief ein. Spüre, wie die frische Luft deine Lungen füllt und mit jedem Atemzug Körper und Geist zur Ruhe kommen.

Lass den Alltag hinter dir und öffne dein Herz für den Zauber, der dich auf eine Fantasiereise in die Tarot Welt entführt und dich zum Spiegel der Zeiten führt.

Dieser besondere Spiegel wird dir Erkenntnisse über Vergangenheit, Gegenwart und Zukunft offenbaren und dir helfen, die Botschaften der Tarotkarten zu verstehen, die du zu deiner Frage gezogen hast.

Stell dir nun vor, wie du von einem sanften, warmen Licht umgeben bist, das dich liebevoll umhüllt und deine Schwingungen anhebt, um dich auf diese mystische Reise vorzubereiten.

Mit jedem Atemzug fühlst du dich leichter und entspannter, als würdest du auf einer Wolke schweben. Deine Gedanken ziehen weiter und du gibst dich ganz dem Zauber und der Weisheit der Tarot Welt hin.

In deiner Vorstellung siehst du einen geheimnisvollen Pfad, der mit schimmernden Steinen markiert ist und sich vor dir ausbreitet.

Du folgst diesem Pfad, der dich immer tiefer in eine Welt der Mystik und des Wissens führt. Die Umgebung um dich herum beginnt zu verschwimmen, bis du schließlich an einen Ort gelangst, der von einer magischen Energie erfüllt ist.

Du befindest dich in einem mystischen Raum, dessen Wände von uralten Büchern und Schriftrollen gesäumt sind.

In der Mitte des Raumes steht ein majestätischer Tisch, auf dem eine Sammlung von Tarotkarten liegt.

Mit einer Frage im Herzen ziehst du nacheinander drei Karten vom Stapel - eine für die Vergangenheit, eine für die Gegenwart und eine für die Zukunft.

Du betrachtest die Karten und nimmst ihre Bilder in dich auf.

Hinter dem Tisch steht der Spiegel der Zeiten, ein magisches Relikt, das darauf wartet, dir die Antwort auf deine Frage zu geben. Du richtest deinen Blick auf das Spiegelbild und es zeigt dir zunächst den Blick in die Vergangenheit.

Gleichzeitig siehst du das Bildmotiv der zuerst gezogenen Tarotkarte. Jedes Detail wird sichtbar und du nimmst die Bedeutung der Karte in dich auf, während du ihre Deutung entschlüsselst.

Langsam beginnt das Kartenbild im Spiegel zu verblassen und wird durch eine Erinnerung aus der Vergangenheit ersetzt. Du siehst dich selbst in einer Situation, die in direktem Zusammenhang mit der gezogenen Karte und der gestellten Frage steht.

Du spürst die Gefühle, die du damals empfunden hast, so intensiv, als wärst du wieder dort.

Die Erinnerung offenbart dir eine Lektion, die du aus dieser Erfahrung gelernt hast, und zeigt dir, wie diese Lektion für deine Gegenwart und Zukunft wichtig ist.

Du nimmst die Weisheit dieser Lektion in dich auf und spürst, wie sie dir Klarheit und Orientierung gibt.

Du betrachtest noch immer das Spiegelbild, in dem die Bilder der Vergangenheit langsam verblassen. Du spürst, wie die Magie des Spiegels noch immer wirkt, bereit, dir noch mehr Weisheit und Klarheit zu schenken.

Wenn die Erinnerungen an die Vergangenheit vollständig im Spiegel verschwunden sind, erscheint das Bildmotiv der zweiten gezogenen Tarotkarte, das für die Frage und Situation der Gegenwart steht.

Wie zuvor nimmst du jedes Detail der Karte in dich auf und begibst dich auf die Suche nach der Deutung.

Du erkennst die Antwort, die die Karte für dich bereithält und wie sie sich auf deine gegenwärtige Lebenssituation bezieht. Du spürst eine tiefe Verbindung zu der Weisheit, die in den Symbolen der Karte verborgen liegt und nimmst sie als Wegweiser für deine aktuelle Situation an.

Nachdem du die Deutung der Karte verinnerlicht hast, beginnt auch dieses Bild im Spiegel der Zeit zu verblassen. An seine Stelle treten Szenen aus deiner Gegenwart, die in direktem Zusammenhang mit deiner Frage stehen.

Du siehst dich selbst in verschiedenen Situationen, die von der gezogenen Karte und ihrer Botschaft beeinflusst werden.

Jede Szene enthält eine Botschaft, die dir hilft, die Antwort auf deine Frage noch klarer zu erkennen. Du spürst, wie die Erkenntnisse der Gegenwart mit der Weisheit der Vergangenheit verschmelzen und dir ein umfassendes Verständnis der Antwort auf deine Frage geben.

Du stehst immer noch vor dem Spiegel der Zeit, der dir bereits Erkenntnisse aus der Vergangenheit und der Gegenwart offenbart hat. Du spürst, dass der Spiegel noch eine letzte Botschaft für dich bereithält - einen Blick in die Zukunft.

Im Spiegelbild erscheint wieder das Bildmotiv einer gezogenen Tarotkarte, diesmal jedoch eine Karte, die die Zukunft darstellt.

Du nimmst jedes Detail der Karte wahr und fühlst dich in die Deutung ein, die dir mögliche Tendenzen und Entwicklungen aufzeigt, die auf deinem jetzigen Denken und Handeln basieren.

Während das Kartenmotiv im Spiegel langsam verblasst, öffnet sich vor dir ein faszinierendes Panorama - der Blick in die Zukunft. Du siehst dich selbst in verschiedenen Szenen, die als mögliche Tendenzen und Ergebnisse deiner heutigen Entscheidungen und Handlungen erscheinen.

Diese Zukunftsvisionen sind nicht starr, sondern zeigen dir Wege auf, die sich vor dir entfalten können. Du erkennst, wie die Weisheit und das Wissen aus der Vergangenheit und der Gegenwart dir helfen können, deine Zukunft bewusst zu gestalten.

Indem du in die Zukunft schaust, gewinnst du wertvolle Einsichten und erhältst Ratschläge, die dir helfen, die nächsten Schritte auf deinem Lebensweg zu planen.

Während du noch vor dem Spiegel der Zeit stehst, lässt du die Erkenntnisse und Botschaften aus Vergangenheit, Gegenwart und Zukunft noch einmal in dir nachklingen.

Du spürst, wie dich diese Erfahrungen und Einsichten stärken und mit Zuversicht erfüllen, um den Herausforderungen des Lebens mit neuer Klarheit und Weisheit zu begegnen.

Nimm dir einen Moment Zeit, um die gewonnenen Erkenntnisse tief in dein Herz aufzunehmen und sie als wertvollen Schatz für deinen weiteren Lebensweg zu bewahren.

Mit diesen Schätzen im Gepäck fühlst du dich bereit, die Fantasiereise gleich wieder zu verlassen und in deine Alltagswelt zurückzukehren.

Du weißt, dass du jederzeit wiederkommen kannst, um andere Fragen auf diese Weise zu betrachten und tiefere Antworten und Erkenntnisse zu finden, die dir helfen, deinen Weg zu meistern.

Öffne nun deine Augen mit einem Lächeln auf den Lippen und einem Gefühl der Dankbarkeit und des Vertrauens.

Auszug aus einem anderen Buch – Fantasiereise
mit der Lenormandkarte Schlange

Schließe deine Augen und atme tief ein und aus.

Spüre, wie sich dein Körper und Geist langsam entspannen und zur Ruhe kommen. Du kannst dich jetzt ausruhen und dich auf eine wunderbare Fantasiereise begeben.

Stelle dir vor, du befindest dich in einer wundersamen Welt, in der die Wiesen grün sind, die Blumen in den verschiedensten Farben leuchten und die Bäume pinke Blätter tragen.

Es ist ein Ort voller Magie und Schönheit, ein Ort, der nur in der Fantasie existiert: die Lenormand Welt.

Die Luft ist erfüllt von einem angenehmen Duft nach Blumen und Gras, und die Sonne scheint sanft auf dein Gesicht.

Du atmest tief ein und spürst, wie die frische Luft neue Energie in dich bringt.

Du bist bereit, dich auf eine Reise voller positiver Erlebnisse zu begeben.

Während du dich in dieser Welt umsiehst, entdeckst du einen breiten Weg, der durch die Landschaft führt.

Es scheint, als würde er dich anziehen und du folgst ihm einfach.

Du fühlst dich sicher und geborgen, als ob der Weg dich an einen Ort führen würde, an dem du die Geheimnisse der Lenormandkarten entdecken und tiefe Erkenntnisse gewinnen kannst.

Du spürst, wie deine Neugier geweckt ist und möchtest alles erfahren, was diese mystische Welt dir zu bieten hat.

Mache dich bereit, die Lenormand Welt auf eine einzigartige und unvergessliche Weise zu erleben.

Scheinbar aus dem Nichts erscheint vor dir ein lilafarbenes Tor, das sich wie von selbst öffnet.

Ohne zu zögern, gehst du hindurch.

Du befindest dich in einem magischen Wald, der wunderschön und dicht bewachsen ist. Die Sonne scheint durch die Bäume und taucht den Wald in ein warmes, goldenes Licht. Du atmest die frische, sauerstoffreiche Luft ein und fühlst dich sofort entspannt und geerdet.

Ein Zauber liegt in der Luft und du weißt, dass du hier sogar mit den Tieren sprechen und alles verstehen kannst.

Dann bemerkst du eine Schlange, die sich geschickt um einen Ast windet. Du bleibst stehen und beobachtest fasziniert, wie sie ihre vielen Windungen und Drehungen um den Ast macht. Trotz ihrer imposanten Erscheinung wirkt die Schlange freundlich und einladend.

Du spürst, dass die Schlange mit dir kommunizieren möchte und öffnest dich für ihre Botschaft. Sie spricht zu dir: "Auch wenn das Leben manchmal kompliziert und verschlungen erscheint, wie die Windungen, die ich um diesen Ast mache, kannst du trotzdem an dein Ziel gelangen. Du musst nur den Mut haben, die Herausforderungen anzunehmen und die vielen Wege zu erkunden, die sich dir bieten."

Mein Name ist Seraphina, inspiriert von den Seraphim, Engeln, die in der jüdischen und christlichen Tradition mit Heilung und Schutz in Verbindung gebracht werden.

Seraphina fährt fort: "Lass dich von den Irrwegen und Umwegen nicht entmutigen. Sie gehören zum Leben dazu und bringen wertvolle Erfahrungen und Lektionen. Du hast die Kraft und die Motivation in dir, deinen Weg erfolgreich zu gehen und deine Ziele zu erreichen."

Du nimmst die Botschaft von Seraphina tief in dir auf und spürst, wie eine Welle der Motivation und Entschlossenheit durch deinen Körper fließt.

Du bist bereit, den vor dir liegenden Weg mit Zuversicht und Mut zu gehen, auch wenn er manchmal verschlungen und verwirrend erscheint.

Dankbar willst du dich verabschieden, da ruft Seraphina: "Komm mit, ich möchte dir eine Frau vorstellen.

Neugierig folgst du Seraphina, die sich nun langsam über den Boden windet. Sie kommt nur langsam voran, denn sie zischt nicht einfach geradeaus, sondern bewegt sich in Schlangenlinien vorwärts.

Schließlich begegnest du einer Frau, die dich an jemanden erinnert, mit dem du in der Vergangenheit Komplikationen oder Schwierigkeiten hattest. Diese Begegnung bietet dir nun die Möglichkeit, Verständnis, Versöhnung und Heilung zu finden.

Seraphina, die ihr beide beobachtet, beginnt plötzlich, ihre alte Haut abzulegen. Du siehst, wie sie sich langsam und behutsam von ihrer alten Hülle befreit und ihre neue, schimmernde Haut zum Vorschein kommt. Dieser Prozess der Verwandlung und Erneuerung fasziniert dich und die Frau gleichermaßen.

Seraphina spricht zu euch: "So wie ich meine alte Haut abgestreift habe, könnt auch ihr Altes loslassen, euch verwandeln und Heilung erfahren. Nutzt diese Begegnung, um Verständnis für die Situation und füreinander zu entwickeln. Versöhnt euch und findet Heilung in der Vergebung.

Die Botschaft von Seraphina berührt euch beide tief in euren Herzen und ihr spürt, wie sich eine Welle des Verstehens, der Versöhnung und der Heilung über euch ausbreitet.

Ihr nehmt euch Zeit, eure Gefühle und Gedanken auszutauschen, und merkt, wie die Vergangenheit langsam ihre Macht über euch verliert.

Gestärkt durch die Weisheit von Seraphina und die transformierende Kraft der Vergebung setzt du deine Reise durch den Wald fort.

Du weißt nun, dass du Altes loslassen und dich verändern kannst, um Heilung und Wachstum in verschiedenen Bereichen deines Lebens zu erfahren.

Während du weiter gehst, merkst du, dass der Weg immer kurviger wird.

Aber dann sagst du dir, dass du genug Zeit und Geduld hast, um dein Ziel auch über Umwege zu erreichen. Du erkennst, dass der Weg manchmal genauso wichtig ist wie das Ziel selbst und dass es sich lohnt, geduldig zu sein und den Prozess zu genießen.

Während du diesen Weg gehst, beginnst du, die Schönheit der Umgebung und die vielen kleinen Überraschungen, die sich dir auf dem Weg offenbaren, zu schätzen.

Dank dieser neuen Perspektive verstehst du, dass es nicht immer darum geht, den schnellsten oder kürzesten Weg zu wählen, sondern denjenigen, der dir die größten Chancen für Wachstum, Erkenntnis und Freude bietet.

Und so gehst du weiter, erfüllt von einer tiefen Zufriedenheit und dem Wissen, dass du auf deinem ganz persönlichen Weg bist, so verschlungen er auch sein mag.

****

Doch bevor du die Welt der Lenormandkarten für heute verlässt, wartet zum Abschluss noch ein besonderes Treffen auf dich.

Du siehst eine Kartenlegerin an einem Tisch sitzen und wie sie die Karten legt. Du spürst, dass sie dir etwas zu sagen hat.

Du gehst näher und sie begrüßt dich herzlich.

Sie möchte dir noch etwas über die Deutung der **Lenormandkarte Schlange** erzählen.

Sie sagt: Einige der Deutungen hast du bereits in deiner bisherigen Fantasiereise erlebt. Doch es gibt noch viel mehr Bedeutungen zu dieser Karte.

Sie hat nicht nur eine positive Seite, sondern auch eine negative Schattenseite. Jede Karte hat immer zwei Deutungsseiten in sich. Der hauptsächliche Deutungsschwerpunkt der Karte kann positiv, negativ oder manchmal auch neutral sein.

Wie du das Kartenmotiv wahrnimmst, hängt von dir ab.

Während ich dir meine eigenen Empfindungen mitteile und dir zeige, wie ich das Motiv interpretiere, solltest du im Anschluss an diese Fantasiereise das Motiv noch einmal sorgfältig betrachten und deine eigenen Empfindungen dabei erforschen.

Welche Emotionen, Gedanken, Erfahrungen oder Erinnerungen werden bei dir durch das Kartenmotiv hervorgerufen?

Um dir dabei zu helfen, das Motiv und seine Symbolik besser zu verstehen, biete ich dir einige Fragen an, die du beim Betrachten des Bildes berücksichtigen kannst.

Los geht's, ich habe hier einige Hinweise für dich:

Stelle dir vor, dass du selbst auf der Karte bist oder in deiner Vorstellung hineingehst.

- Achte darauf, was man auf dieser Karte alles erkennen kann und was es früher bedeutete, aber vor allem, was es in der heutigen Zeit bedeutet.
- Befasse dich mit deinen Empfindungen beim Betrachten des Bildes, beachte dabei das Wetter und die Stimmung in der Szene.
- Überlege, welche Handlungsmöglichkeiten es gibt und welche nicht.

- Schau, ob auf der Karte ein weiteres Lebewesen zu erkennen ist und welche Bedeutung diese Person oder dieses Tier für dich haben könnte.

Vielleicht genügen dir diese Anhaltspunkte, um die Karte besser deuten zu können.

Vielleicht brauchst du aber auch noch ein wenig Unterstützung von mir und möchtest jetzt meine Gedanken und Empfindungen zum Bild erfahren.

Gern verrate ich sie dir.

Wenn ich mich selbst in die Karte hineinversetze, um sie besser zu verstehen, dann sehe ich im Motiv **der Schlange** zum Beispiel Folgendes:

- Ich sehe eine Schlange, die mir den Weg versperrt.
- Sie könnte mich beißen, mir gefährlich werden, denn Schlangen können giftig sein.
- Es ist schwer oder kompliziert, an ihr vorbeizukommen.
- Schlangenwindungen, Verschlingungen, jedenfalls nicht gerade oder lang, sondern irgendwie gewunden. Im Zickzack oder in Windungen vorwärts kommen.
- Im Paradies verführte die Schlange. Sie war raffiniert, klug, erfahren und verführerisch. Sie war die Dritte im Bunde im Paradies.
- Es gibt den Ausdruck falsche (eifersüchtige) Schlange.
- Eine Schlange kann sich auch häuten, Altes abstreifen, sich erneuern. Sie ist auch ein Symbol für Heilung, man denke nur an den Ärztestab mit der Schlange darum gewickelt.
- Die Kreuzdame ist eine Frau, mit der man sein Kreuz zu tragen hat, also eher schwierig, kompliziert.

Diese Deutungen ergeben sich für mich daraus:

- Komplikationen, Verwicklungen.
- Herumeiern, auf der Stelle treten oder einen Schritt vor, zur Seite usw. gehen.

- Nur auf Umwegen ans Ziel kommen oder mit Verspätung.
- Dritte im Bunde und als Frau dann die Rivalin (Verführung), der Störenfried, der das Paradies, die Beziehung stört.
- Die falsche Schlange bezieht sich für mich hier mehr auf den Neid.
- Auch Vorsicht Gefahr. Giftige Gedanken, giftige Umgebung.
- Die Kreuzdame ist für mich eine Frau mit der ich Komplikationen / Verwicklungen habe oder hatte, also wenn es um die Ex-Freundin / Ex-Frau geht, nehme ich diese Karte. Ansonsten ist sie eine Frau, die eben schwierig, kompliziert, eifersüchtig ist oder vom Alter her auch etwa gleich alt wie die fragende Person.
- Zeit: Etwas zieht sich hin, Verzögerung, evtl. bis zu 6 Monaten.

Beim Betrachten des Bildes erkenne ich sowohl neutrale als auch negative Deutungen, wobei mein Fokus auf der negativen Seite liegt.

Du fragst dich sicherlich bereits, wie ich die Karte mit ihrer anderen Seite interpretieren würde.

Deshalb möchte ich dir noch einen Tipp geben: Versuche, das Bild aus einer anderen Perspektive zu betrachten und herauszufinden, was die verborgene positive Seite des Motivs sein könnte.

Um deine eigenen Ideen anzuregen, biete ich dir folgende Vorschläge an: Du kannst Altes loslassen und dich verändern. Durch diese Veränderungen kannst du Heilung und Wachstum in verschiedenen Bereichen deines Lebens erfahren. Du erkennst auch, dass du genügend Zeit und Geduld hast, um auch über Umwege erfolgreich an dein Ziel zu gelangen. Du verstehst, dass der Weg manchmal genauso wichtig ist wie das Ziel selbst und dass es sich lohnt, geduldig zu sein und den Prozess zu genießen.

Experimentiere in den nächsten Tagen ruhig ein wenig mit eigenen Deutungen des Bildes und wie du es für dich sowohl positiv als auch negativ interpretieren könntest.

Du fühlst dich dankbar für die wertvollen Erkenntnisse, die du durch die Kartenlegerin gewonnen hast und spazierst nun den breiten Weg entlang, umgeben von den Wiesen und den Bäumen mit den pinkfarbenen Blättern.

****

Mit einem Lächeln auf den Lippen und einem Gefühl der Stärke und Inspiration im Herzen verlässt du die Fantasiereise und kehrst zurück in deinen Alltag.

Wenn du bereit bist, dann öffne deine Augen.

****

Dies war ein Auszug aus dem Buch:

Lenormandkarten
Fantasiereisen

Entspanne, genieße und lerne in magischen Reisen
die Deutung jeder Lenormandkarte

ISBN: 978-3-96738-245-7

Tipps für Anfänger bei der Deutung von Tarotkarten

Wenn du es noch etwas leichter beim Deuten haben möchtest, so empfehle ich dir für den Start meine Kartendecks mit Deutungstexten.

Tarotkarten by Angelina für Anfänger
EAN: 4260399371815 (2. Auflage)

und den

Tarotkarten Artdesign Osorio für Anfänger
EAN: 4280000292568 (Erstauflage)
EAN: 4260399371891 (2. Auflage erscheint 2023/2024)

Beide Kartendecks haben Texte entlang der 4 Kanten jeder Karte. Diese Texte beziehen sich jedoch nicht auf positive und negative Deutungen, sondern auf die klassische Bedeutung der Karte. Hier findest du Unterstützung bei der Interpretation von Themen wie Liebe, Beruf, Schlüsselwörter, Zeitrahmen und der Bedeutung des Motivs bzw. ein Ratschlag. Bei den Hofkarten gibt es auch Deutungen zu den Eigenschaften der Personen oder von dir selbst.

Die Tarotkarten Artdesign Osorio (rechtes Bild) gibt es auch in einer Ausführung ohne Deutungstexte, also als normales Tarotkarten Deck bzw. für Fortgeschrittene.

Tarotkarten Artdesign Osorio EAN: 4280000292766

Auszug aus dem Buch – *Bilder Coaching mit Tarotkarten*

0 (22) – Der Narr

Der Narr symbolisiert Freiheit, Unbeschwertheit und Spontaneität.

Früher wurde der Narr als derjenige betrachtet, der leichtsinnig und naiv handelt und dadurch in Schwierigkeiten gerät.

Heute wird der Narr jedoch für die Befreiung von gesellschaftlichen Konventionen und die Entdeckung neuer Chancen gesehen. Der Narr ermutigt uns, uns auf neue Erfahrungen einzulassen und uns von unseren Ängsten und Begrenzungen zu befreien.

Wenn wir uns das Bild des Narren ansehen, können wir das Gefühl haben, dass er uns dazu auffordert, uns auf unsere innere Stimme zu konzentrieren und uns von äußeren Erwartungen zu lösen.

Das Wetter ist sonnig und die Stimmung auf der Karte ist fröhlich, was darauf hinweist, dass wir uns in einer glücklichen und unbeschwerten Zeit befinden.

Die Symbole auf der Karte, wie der Narrenhut und der Stock, können für Spontanität und Abenteuerlust stehen. Der Hund kann für Loyalität und den Wunsch nach Begleitung stehen.

Positiv gesehen bedeutet die Tarotkarte des Narren, dass wir die Freiheit haben, uns selbst auszudrücken und neue Erfahrungen zu sammeln. Der Narr ermutigt uns, uns von unseren Ängsten zu befreien und uns auf das Abenteuer des Lebens einzulassen.

Wenn wir uns jedoch negativ auf die Karte beziehen, können wir das Gefühl haben, dass wir uns in einer instabilen und unvorhersehbaren Situation befinden. Vielleicht haben wir keine klare Richtung oder Zielsetzung und lassen uns von äußeren Kräften treiben.

Diese Deutungen der Lichtseite sind möglich:

- Abenteuerlust und Freiheit
- Kreativität
- Unbeschwertheit und Leichtigkeit
- Unbefangenheit
- Spontanität
- Offenheit für Neues

Diese Deutungen der Schattenseite sind möglich:

- Naivität und Unreife
- Verantwortungslosigkeit und Unzuverlässigkeit
- Mangelnde Ernsthaftigkeit
- Risikobereitschaft ohne Vorsicht
- Übertriebene Impulsivität
- Ignoranz (Unkenntnis) der Konsequenzen

Wenn du nicht die Licht- oder Schattenseite deuten möchtest oder das Legesystem eine normale Deutung erfordert, kannst du diese Deutung als Alternative verwenden. Sie zeigt dir, worum es geht:

Der Narr steht oft für den Beginn einer Reise oder eines neuen Projektes. Er steht für die Lust auf Abenteuer, für Freiheit und Spontanität, aber auch für Naivität und Unberechenbarkeit. In der klassischen Deutung wird der Narr oft als unerfahren oder unvorsichtig angesehen und kann uns auffordern, unser Handeln zu überdenken und unsere Entscheidungen sorgfältig abzuwägen.

Als Hilfe bei Entscheidungen:

Wenn du vor einer schwierigen Entscheidung stehst, kann dir der Narr helfen, einen neuen Blickwinkel einzunehmen. Betrachte die Situation aus verschiedenen Perspektiven und sei bereit, unbekannte Wege zu gehen. Sei mutig und vertraue darauf, dass alles, was du brauchst, in dir steckt.

Die Positionen in der kleinen 9er Legung gedeutet

Die linke Seite (Pos. 6, 4, 1) bringt man ins Thema mit:

Pos. 6: Was schon da ist und in das Thema mitgebracht wird, zeigt sich oft in Form von unkonventionellen Ideen oder Chancen, die du bisher vielleicht nicht in Betracht gezogen hast. Sei offen für neue Erfahrungen und lass dich auf das Abenteuer ein.

Pos. 4: Vielleicht hast du bestimmte Ängste oder Zweifel, die dich daran hindern, dein volles Potenzial zu entfalten. Der Narr ermutigt dich, deine Ängste zu überwinden und dich deiner Kreativität und Spontaneität hinzugeben.

Pos. 1: In Gedanken hast du bereits verschiedene Möglichkeiten und Optionen abgewogen. Du hast dich dazu entschieden, neue Wege zu gehen und dich auf unbekanntes Terrain zu wagen. Es ist normal, dass du dabei Zweifel oder Ängste hast, aber denk daran, dass du dich auf eine neue Erfahrung einlässt, die dich bereichern und dein Leben verändern kann. Die Karte Narr ermutigt dich, dich auf das Abenteuer Leben einzulassen und deinen Träume zu folgen.

Die Pos. 2 (Gegenwart) und die Positionen für den Zukunftstrend:

Pos. 2: In der Gegenwart zeigt dir der Narr, dass du dich in einer Phase der Veränderung und der Entdeckungen befindest. Du sehnst dich nach Freiheit und Abenteuer und bist bereit, neue Erfahrungen zu machen. Der Narr ermutigt dich, deine Komfortzone zu verlassen und dich auf Unbekanntes einzulassen, um dich selbst besser kennen zu lernen.

Pos. 3: Der nächste Schritt ist es, deiner Intuition zu vertrauen und deinem Herzen zu folgen. Der Narr rät dir, mutig zu sein und deine Träume zu verwirklichen, auch wenn sie dir im Moment noch unerreichbar erscheinen. Lass dich nicht von Zweifeln und Ängsten aufhalten, sondern sei bereit, Risiken einzugehen und neue Wege zu gehen.

Pos. 5: Durch dein eigenes Handeln kannst du eine Zeit voller Abenteuer und Freiheit erleben. Der Narr zeigt dir, dass du die Möglichkeit hast, deine Welt selbst zu gestalten und neue Wege zu gehen. Vertraue darauf, dass du die Ressourcen hast, um dein Leben auf deine eigene Art und Weise zu leben.

Pos. 7: Wenn du neue Wege gehst, kann es sein, dass andere dich dafür belächeln oder kritisieren. Aber oft kommen die Menschen auch offen, unbekümmert und neugierig auf dich zu. Sie wollen, dass du spontan bist und dich mit ihnen auf das Abenteuer des Lebens einlässt.

Position 8 – Das Endergebnis, welches sich durch die Karten auf Position 5 und 7 entweder positiv oder negativ ergibt:

Positiv: Du bist offen für neue Erfahrungen und Abenteuer und hast den Mut, unkonventionelle Wege zu gehen. Der Narr zeigt auch, dass du in der Lage bist, Dinge auf eine frische und originelle Weise anzugehen, was zu überraschenden und positiven Ergebnissen führen kann.

Negativ: Du bist unerfahren und naiv, was deine Zukunft betrifft. Du willst keine Verantwortung übernehmen und wirst als unzuverlässig angesehen. Du nimmst das Leben nicht ernst genug und bist bereit, Risiken einzugehen, ohne auf die Konsequenzen zu achten.

Als Tendenz: Der Narr weist auf eine Zeit des Wandels und der Veränderung hin, die dich aufregen und herausfordern wird. Du bist bereit, neue Wege zu gehen und deine Komfortzone zu verlassen. Sei offen für Überraschungen und nutze deine Kreativität und Flexibilität, um das Beste aus dieser Zeit zu machen.

****

Dies war ein Auszug aus dem Buch:

Bilder Coaching mit Tarotkarten
inkl. Licht & Schatten Blick

Die 78 Bilder der Tarotkarten
positiv, negativ und neutral erklärt
plus die vertiefende Positionsdeutung
in der kleinen 9er Legung

ISBN: 978-3-96738-249-5

(erscheint voraussichtlich im Herbst/Winter 2023)

Zum Schluss

Schlusswort und Danksagung

Ich möchte dir Dank sagen, dass du mein Buch erworben hast und dich mit mir auf eine spannende und unterhaltsame Entdeckungsreise der Tarot Deutung gemacht hast.

Denke daran, du allein bist der Kapitän auf dem Schiff deines Lebens und du allein bestimmst auch, wo deine Reise in der Welt der Tarotkarten und deren Verwendung hingeht.

Ich hoffe, du konntest auf dieser Buch Deutungsreise viele neue Eindrücke mitnehmen und kehrst nun guter Dinge wieder nach Hause. Über deinen Besuch in meinem Shop freue ich mich jederzeit.

https://angelina-schulze.com

Feedback ist mir sehr wichtig

In die Erstellung all dieser Infos als lesenswertes Buch habe ich all meine Liebe und Ausführlichkeit der Details hineingesteckt. Daher würde ich mich sehr freuen, wenn du dir kurz Zeit nimmst und mir ein Feedback hinterlässt.

Ich lese auch alle Bewertungen in meinem Shop und bei Amazon persönlich und du ermöglichst mir in Zukunft, noch mehr Menschen zu erreichen und deren Kartenlegen zu verbessern.

Kannst du mir bitte diesen kleinen Gefallen tun?

Vielen herzlichen Dank und auf deinen Erfolg
beim Kartenlegen und vor allem Deuten.

Weitere Produkte zum Thema „Tarot lernen"

Weitere Lernhilfen sind Kartendecks mit Deutungshilfe auf den Karten und Legesysteme als Schablonen in meinem Shop.

Farbige Spiralbücher

Legeschablonen Lenormand, Tarot als Unterlage beim Kartenlegen 15 Legesysteme als A2 und A3 Schablonen, um schneller Antworten in den Orakel Karten zu erkennen. Spiralbuch A3 mit glänzender Schutzschicht.

Teil 1 mit ISBN: 978-3-96738-133-7
Teil 2 mit ISBN: 978-3-96738-142-9
Teil 3 mit ISBN: 978-3-96738-236-5 (ab 2023)
Teil 4 mit ISBN: 978-3-96738-237-2 (ab 2023)

Tarotkarten Bedeutung lernen
Mind Maps zum Tarot incl. Legemethoden (2 Auflage)
ISBN: 978-3-96738-225-9

Weitere Bücher zum Tarot und Fantasiereisen von mir

Tarot Liebe, Beruf, Finanzen und die Zukunft vorhersagen
Legesysteme zum Tarot Orakel für jedes Deck der Tarotkarten
ISBN: 978-3-943729-45-0

Tarot Liebe
Meine und deine Tarotkarten Deutungen und Legesysteme zum Thema
Liebe
ISBN: 978-3-96738-067-5

Bilder-Coaching mit Tarotkarten inkl. Licht & Schatten Blick
Die 78 Bilder der Tarotkarten positiv, negativ und neutral erklärt plus die
vertiefende Positionsdeutung in der kleinen 9er Legung
ISBN: 978-3-96738-249-5 (für Ende 2023 in Planung)

Lenormandkarten Fantasiereisen
Entspanne, genieße und lerne in magischen Reisen die Deutung jeder
Lenormandkarte
ISBN: 978-3-96738-245-7

Entspannungsgeschichten und Fantasiereisen für Erwachsene
ISBN: 978-3-96738-033-0

Traumreisen für Kinder aus Paulines Träumezauberstab
ISBN: 978-3-96738-074-3

Spirituelle Fantasiereisen für Erwachsene
ISBN: 978-3-96738-241-9 (2023 in Planung)

**Hypnotische Fantasiereisen für Erwachsene zum Entspannen und
Träumen** (Band 1 bis 3 – 2023 in Planung)

Auszug aus dem Verlagsprogramm zum Thema „Entspannung"

Fantasiereisen für Groß und Klein
ISBN: 978-3-96738-254-9 (von Simone Merle Waese)

22 Seelenreisen in dein Zuhause in dir
ISBN: 978-3-96738-257-0 (von Ines Leue)

Die Seelenwärmer Apotheke
ISBN: 978-3-96738-165-8 (von Ines Leue)

Meditation, heilsames Abenteuer für Körper, Geist und Seele
ISBN: 978-3-96738-199-3 (von Dr. Michelle Haintz)

Meditationen Seelenruhe Doppelband 1 und 2
ISBN: 978-3-96738-208-2 (von Petra Silberbauer)

Ich relaxe – Mit Entspannungsgeschichten und Meditationen durch das Jahr
ISBN: 978-3-96738-205-1 (von Petra Silberbauer)

Entspannungsübungen und Entspannungstipps für Körper, Geist und Seele
ISBN: 978-3-96738-177-1 (von Angelina Schulze)

Autogenes Training – Anleitung und Übungen für Erwachsene
ISBN: 978-3-96738-178-8 (von Angelina Schulze)

Und noch viele weitere Bücher ...

Kontakt zur Autorin

Das bin ich - Angelina Schulze

1972 habe ich das Licht der Welt erblickt und die Begeisterung für das Kartenlegen hat mich schon sehr früh erfasst! So habe ich bereits im Teenageralter mit den verschiedenen Decks experimentiert und mehr und mehr mein Wissen vertieft. Dabei hat sich wie von selbst mein eigenes - sehr logisch nachvollziehbares und leicht erlernbares - Deutungssystem entwickelt. Und weil ich meine Begeisterung gern teile, war der nächste folgerichtige Schritt, mein Wissen und meine Erfahrungen anderen, die das Kartenlegen lernen wollen, weiterzugeben. Dabei lehre ich zu jeder Karte, jedem Haus und all den Kombinationen eine klare Deutung, die sich wie ein roter Faden durch alle leicht nachvollziehbaren Deutungsschritte zieht.

Meine Vision / Mission: Möglichst vielen Menschen die Möglichkeit zu eröffnen, zu Experten in der Lebensberatung zu werden, um sich selbst, aber auch anderen, die Karten zu legen und dabei klare Antworten und hilfreiche Deutungen zu geben. Ich bin gern als deine Ausbilderin im Kartenlegen lernen für dich da. Sei es telefonisch, persönlich bei mir im Seminarbereich oder auch in der Onlineausbildung, wo du die Kurse jederzeit mit Zugang über E-Mail und Passwort machen kannst.

https://www.kartenlegenlernen.info
https://www.lenormand-online24.de

Mein Shop zum Kartenlegen: https://angelina-schulze.com

E-Mail: kartenlegen@angelina-schulze.com

Facebook Kartenlegen lernen:
http://www.facebook.com/kartenlegenlernen123

Facebook Gruppe zum Lenormand:
https://www.facebook.com/groups/Lenormandgruppe

YouTube: https://www.youtube.com/user/Kartenlegenlernen123

Printed in Poland
by Amazon Fulfillment
Poland Sp. z o.o., Wrocław